Joachim Alfred P. Scheiner
Christine M. Bradler

Feng Shui
als Spiegelbild

W0058376

Joachim Alfred P. Scheiner
Christine M. Bradler

Feng Shui
als Spiegelbild

Ich wohne, wie ich bin

Die Deutsche Bibliothek - CIP-Einheitsaufnahme

Scheiner, Joachim:
Feng-shui als Spiegelbild : ich wohne, wie ich bin /
Joachim Scheiner ; Christine Bradler. [Fotos: Peter Ehlert].
- Landsberg am Lech : mvg-verl., 1997
    (mvg-Paperbacks ; 555)
    ISBN 3-478-08555-1
NE: Bradler, Christine:; GT

Das Papier dieses Buches wird möglichst umweltschonend
hergestellt und enthält keine optischen Aufheller.

© mvg-verlag im verlag moderne industrie AG, Landsberg
am Lech
Alle Rechte, insbesondere das Recht der Vervielfältigung
und Verbreitung sowie der Übersetzung, vorbehalten. Kein
Teil des Werkes darf in irgendeiner Form (durch Fotokopie,
Mikrofilm oder ein anderes Verfahren) ohne schriftliche
Genehmigung des Verlages reproduziert oder unter Ver-
wendung elektronischer Systeme gespeichert, verarbeitet,
vervielfältigt oder verbreitet werden.
Umschlaggestaltung: Vierthaler & Braun, München
Fotos: Peter Ehlert, München
Grafiken: Gruber & König, Augsburg
Satz: Wolfgang Appun, München
Druck- und Bindearbeiten: Presse Druck, Augsburg
Printed in Germany 080 555/297602
ISBN 3-478-08555-1

Inhalt

Bild 1: Karte aus einem Atlas der Provinz Jianxi in Südost-China aus dem 18. Jahrhundert

緒　論

Einführung

In unserem schnellebigen Zeitalter der Technik und erweiterten Kommunikation rückt die ganze Welt immer enger zusammen. Die Grenzen zwischen Ost und West werden durchlässiger, und damit erweitert sich auch der industrielle, kulturelle und religiöse Austausch zwischen den Ländern. So unterschiedlich die Völker der Erde auch sein mögen, wir müssen voneinander lernen.

In den letzten Jahrzehnten entwickelte sich ein regelrechter Boom, der dahin zielte, östliche Philosophien und Religionen als Ersatz in unser durch die Industrialisierung verarmtes Werte- und Moralsystem aufzunehmen.

Der verstärkte Kontakt mit Indien konfrontierte uns zum Beispiel mit dem Gedanken der Reinkarnation und des Buddhismus. Die Bildung großer religiöser Gemeinschaften oder Sekten, unter der Leitung ihrer Meister, den Gurus, zeigt deutlich die Bedürftigkeit des westlichen Menschen. Tantra, Yoga sowie alle japanischen Kampfsportarten geben uns die Möglichkeit, Körpergefühl mit philosophischem Hintergrund zu erfahren.

China beeinflußte und beeinflußt uns umfangreicher, komplexer und nachhaltiger als alle anderen östlichen Länder. So fließen immer mehr Anteile der traditionellen chinesischen Medizin (TCM) in unsere moderne Schulmedizin mit ein. Der Grund hierfür mag darin liegen, daß die TCM ein allumfassendes System darstellt, das den Menschen als Teil eines Ganzen erfaßt. Die TCM gründet auf acht Säulen, die in sich abgeschlossen sind:

- Akupunktur
- Massage
- Ernährung
- Kräuterkunde
- Meditation
- Körperübungen
- Moxibustion
- Feng Shui

Trotzdem fließen diese Bereiche ineinander über. So kennen wir zum Beispiel den Energiefluß (Chi) bei der Akupunktur als Meridian, bei den Körperübungen als Bewegung und bei Feng Shui als Energiemuster innerhalb der Wohnung.

Doch ist es möglich, dieses chinesische System vollständig und ungeprüft auf den Westen zu übertragen?

Bei näherer Untersuchung stoßen wir schnell auf sehr wesentliche Unterschiede.

Der westlich geprägte Mensch ist von der Technik, die hier einen hohen Stellenwert einnimmt, abhängig geworden. Durch diese Abhängigkeit entsteht eine Spezialisierungssucht, die uns den Bezug zum Ganzen verlieren läßt und uns zwangsläufig isoliert. So liegt zum Beispiel die derzeitige Rate der Single-Haushalte in München bei etwa 50 Prozent, das heißt, nahezu jede zweite Person in München lebt bzw. wohnt alleine.

Wir haben also unsere Beziehungsfähigkeit verloren, sind auf uns alleine gestellt und suchen fortan unseren Selbstwert in der Leistung.

Diese leistungsorientierte Gesellschaft mit ihrem Heer von Spezialisten auf sämtlichen Gebieten wie Wirtschaft, Wissenschaft, Medizin usw. ermöglicht uns zwar ungeahnte Erkenntnisse, macht uns aber andererseits in zunehmendem Maße „krank".

Auch die Entwicklung der Psychologie und ihrer vielen Spezialgebiete vermittelt uns zwar viel Wissen über psychologische, seelische und somatische Zusammenhänge, doch langfristig erkennen wir auch hier Fehlbereiche.

Lebensqualität geht durch Rationalisierungsmaßnahmen verloren, Ansprüche an die Umwelt steigern sich, Einfachheit und Gemeinschaftsdenken haben keinen Platz mehr.

Der durch die Technisierung entstandene Leitsatz „Ich glaube nichts, was ich nicht sehen und beweisen kann" führte zu einer Entfremdung von der Natur. Die Erde dient nicht mehr als Lebensgrundlage, sondern nur noch als Rohstofflieferant. Doch tief in uns drinnen spüren wir noch die Verbindung mit unserem Planeten, mit unserem Universum.

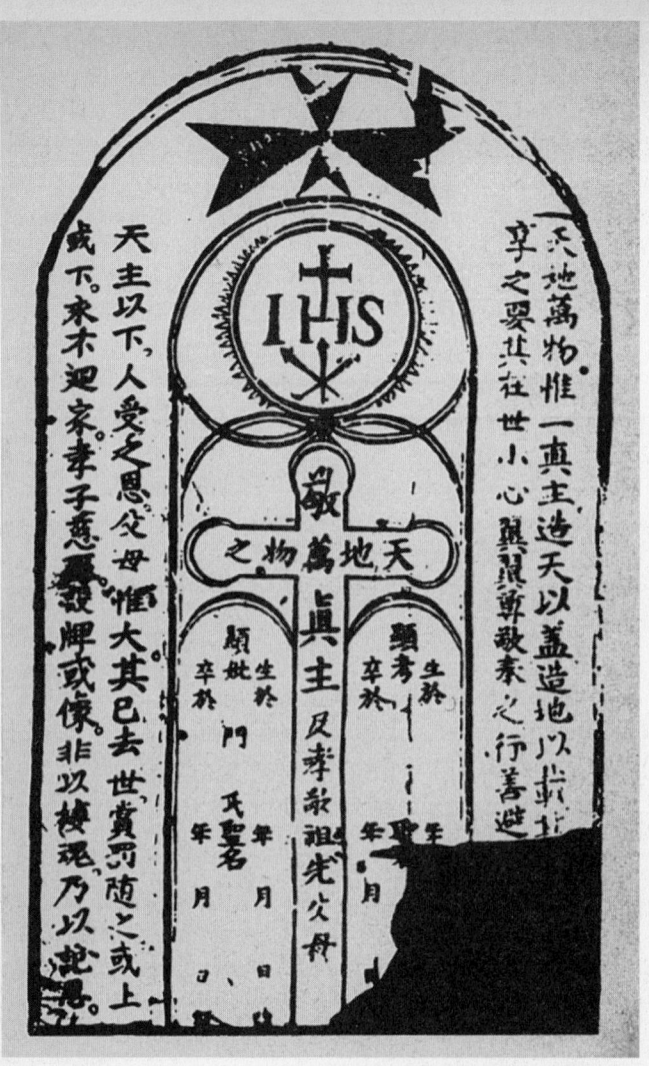

Bild 2: Diese Tafel zeigt, wie chinesisch christliche Konvertiten ihren neuen Glauben mit ihren alten Verpflichtungen gegenüber den Ahnen in Einklang brachten. Der Text innerhalb des Kreuzes lautet: „Ehre den wahren Herrn, Schöpfer des Himmels, der Erden und aller Dinge, und erweise Ahnen und Eltern Pietät."

Zwar gibt es in der westlichen Welt eine streng geordnete und nach Regeln gestaltete Religion, die sich fest in den Händen der Kirche befand und zum größten Teil auch noch befindet, doch hat die zu starke „Ich-Entwicklung" dazu geführt, daß sich der westlich geprägte Mensch von seinem Glauben zurückzieht bzw. auf die Suche nach anderen Werten begibt, um sich neu zu orientieren.

Demgegenüber steht der östlich geprägte Mensch. Betrachten wir speziell China. Der Chinese ist durch die kommunistische Staatsform in die Masse eingebunden. Er ist nur versorgt, sofern er sich diesem System vollständig unterordnet. Es regelt seinen Tagesablauf, seine Arbeit, sogar sein Familienleben (Geburtenkontrolle).

Aus alter, von Generation zu Generation weitergegebener Tradition ist die Autorität des Älteren vorrangig, der dieser wiederum zu Gehorsam verpflichtet ist. Drei Generationen leben in einer engen Zweizimmerwohnung zusammengepfercht, und schon deshalb ist Disziplin notwendig.

Eine Umfrage ergab, daß 80 Prozent aller chinesischen Kinder regelmäßig geschlagen werden. Einer Million Reiche stehen 100 Millionen Arme gegenüber. Es ist ein Land der Bauern: „Wenn es ihnen gutgeht, geht es China gut."

Der Chinese sieht sich von der Natur abhängig, was ihn zwangsläufig veranlaßt, sich mit ihr zu verbünden, indem er sich als Teil eines Ganzen erlebt. Der Mensch ist in die Ordnung von Natur, Kosmos und Universum eingebunden. Deshalb achtet und respektiert der Chinese mehr als andere Völker bestimmte Gesetze der Natur und macht diese gleichzeitig für sich nutzbar.

Auf der anderen Seite gibt es eine Religion ohne Ordnung. Eine Staatskirche existiert nicht, und jeder glaubt, woran er will, vor allem an jene Götter, von denen er sich momentan Glück, Reichtum oder Gesundheit erhofft. Dabei wechseln die Chinesen sehr häufig und schnell ihren jeweiligen Gott, wenn dieser nicht den gewünschten Erfolg herbeiführt. Zu den ältesten und wichtigsten religiösen Vorstellungen in China gehört der Ahnenkult, der auf Aberglauben aufgebaut ist.

Diese Lebensweise, alles so zu akzeptieren und hinzunehmen (aber auch hinnehmen zu müssen), wie es ist, unterdrückt die „Ich-Entwicklung" und macht es dem einzelnen fast unmöglich, sich psychologisch, geistig oder spirituell aus der Masse herauszuentwickeln.

Natürlich befinden wir uns schon seit langem in einer Zeit, die viel Altes aufbricht und dadurch viel Unzufriedenheit erzeugt, weil wir alle, ob im Osten oder Westen, erkennen, daß uns etwas fehlt. Denn man kann nicht den Menschen willkürlich zerteilen, ohne das Leben zu zerstören.

Der Mensch ist ein Individuum, ein Einzelwesen mit einer ihm eigenen, einmaligen psychischen und somatischen Struktur, die ihn unverwechselbar von anderen Individuen unterscheidet. Er ist wie andere Lebewesen ein *Individuum*, das heißt ein:

- Unteilbarer;
- Unwiederholbarer;
- Einmaliger und
- Selbständiger.

Diese Erkenntnis bietet die Chance einer Verbindung und damit auch die Chance auf Ergänzung, auf Heilung für unser ganzes Sein. Doch welche Teile können und sollen wir aufnehmen und ergänzen? Was hat auf jeden Fall seine Berechtigung, und was müssen wir überdenken?

Diese Fragen können wir nicht allgemein beantworten und wollen es auch nicht. Jeder einzelne ist aufgerufen, sich selbst zu fragen und für sich seine Antworten zu finden. Wir möchten mit diesem Buch lediglich informieren und einen möglichen Weg aufzeigen, wie besonders Feng Shui für uns nutzbar ist, wie wir es in unserem Leben gebrauchen können, um einen bewußten Schritt weiterzugehen.

第一章

Kapitel 1:
Geschichte und Entstehung von Feng Shui

Etwa im Jahre 3000 v. Chr. siedelten sich die ersten Chinesen am Unterlauf der großen Ströme „Hwangho" und „Jangtsekian" an.

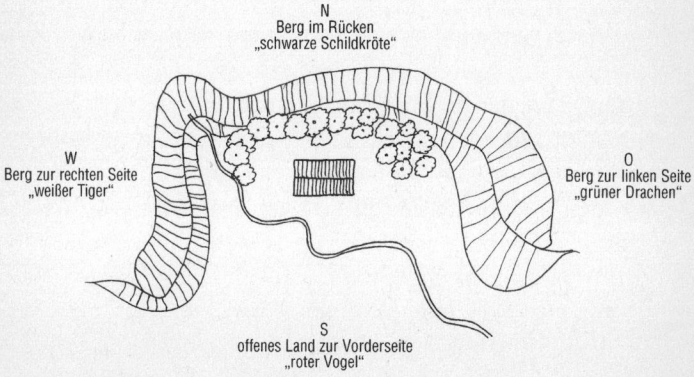

Bild 3: Skizze eines idealen Feng Shui-Standortes

Zu dieser Zeit sah sich der Mensch den Naturkräften hilflos ausgeliefert. In dem Bemühen, die Natur zu verstehen und Erklärungen zu finden für das Warum und Wieso, beobachteten weise Männer den Himmel und die Erde.

Der höchste Punkt am Firmament, die Sonne, wurde als Gott verehrt. Ihre Siedlungen bauten diese Menschen instinktiv im Schutz der Berge und zum Süden hin offen, um zum einen die kalten Nordwinde abzuhalten und zum anderen die warmen Südwinde nutzen zu können.

Diese einfache Skizze im Bild 3 zeigt uns die erste Grundlage von Feng Shui, die später für die Formenschule weiterentwickelt wurde.

17

Die Flüsse dienten zuerst zur Nahrungsfindung und später auch als Transportwege. Bereits während der ersten Dynastie (2000 - 1600 v. Chr.) wurden große Deichbauten errichtet, um die Ufer bewohnbar zu machen.

Großen Einfluß hatte ebenfalls der Ahnenkult, der jedoch in der Frühzeit auf die Oberschicht der Bevölkerung beschränkt war und sich erst unter dem Einfluß des Konfuzianismus (551 v. Chr. bis heute) zum wichtigsten Element des Volksglaubens entwickelte.

Dieser Ahnenkult basiert auf der Vorstellung, daß der Mensch zwei Seelen besitzt: eine für den Körper, „Po", und eine höhere für den Geist, „Hun". Beide Seelen verlassen nach dem Tod den Körper und wirken später entweder in der Schattenwelt oder im Himmel weiter. Damit diese Seelen nicht zu bösen, übelwollenden Geistern für die Lebenden werden, wird nach den Regeln der Natur der günstigste Platz für die Gräber gesucht. Wer es sich finanziell leisten kann, errichtet prunkvolle Bauten. Den Toten werden Gebrauchsgegenstände mit ins Grab gelegt und Opfer dargebracht. Durch unablässiges Beten versuchen die Zurückgebliebenen, die Seelen der Ahnen noch friedlicher zu stimmen, denn die Angst vor ihnen ist schier grenzenlos, da von ihrem Wohlbefinden und Wohlwollen das Glück, der Reichtum und die Gesundheit der Lebenden abhängen.

Bild 4:   Ein alter chinesischer Friedhof

Die eigentlichen Wurzeln des Feng Shui erwuchsen aus dieser übertriebenen und abergläubischen Verehrung der Ahnengeister, die in den allerältesten Werken chinesischen Denkens nachgewiesen werden kann. Sie ist instinktive Triebfeder und Leitmotiv des gesamten Feng Shui-Systems in China.

Während der „Tsin-Dynastie" (221 - 206 v. Chr.) trat ein neuer starker Machthaber in den Vordergrund: der erste große Kaiser von Qin (daher der Name China). Er errichtete den ersten chinesischen Einheitsstaat. Durch einen gigantischen Mauerbau, der ersten chinesischen Mauer, grenzte er das Reich nach Norden ab. Außerdem markierte diese Zeit den Beginn der großen Bauten, der kaiserlichen Paläste. Die Topographie der Landschaften wurde näher untersucht, Gebirgsrücken und -täler in Karten aufgezeichnet.

Die Kaiser der „Han-Dynastie" (206 v. Chr. - 220 n. Chr.) konnten bereits in einem gefestigten Beamtenstaat regieren, der mittlerweile ca. 60 Millionen Einwohner umfaßte.

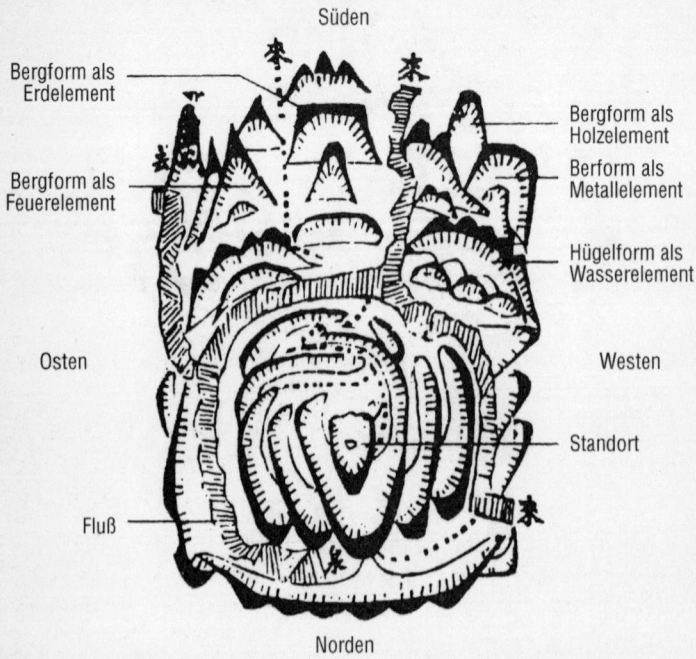

Bild 5: Feng Shui-Landkarte für einen geeigneten Standort

Das Sittengesetz von Konfuzius lebte wieder neu auf und wurde zur Staatsdoktrin erhoben. China erhielt die Bezeichnung „Reich der Mitte", von dem aus Straßen in andere Teile der bewohnten Hemisphäre führen, denn die Chinesen entdeckten den Westen, lange bevor der Westen China entdeckte. In dieser Zeit wurde Feng Shui bekannter und beliebter, und es gab Diskussionen, ob Feng Shui Aberglaube sei oder nicht. Die Geländeformen wurden in sehr detaillierten Zeichnungen (s. Bild 5) erfaßt, und jeder Ort erhielt seine eigene Feng Shui-Karte.

Hier ist auch der Ursprung der alten Feng Shui-Bezeichnungen zu finden. Eine der älteren Bezeichnungen lautet „Kan Yu": Kan – der Himmel oder oben – und Yu – die Erde oder unten.

Am Ende der „Han-Dynastie" zerfiel das Reich durch Aufstände und Unruhen in drei selbständige Staaten.

Feng Shui gewann an Popularität, und in der „Jin-Dynastie" (265 - 420) schrieb der Gelehrte „Guo Pu" das erste Feng Shui-Buch mit dem Titel „Das Buch des Begräbnisses". Er wird von vielen als der ursprüngliche Meister des Feng Shui betrachtet. Erst in der „Tang-Dynastie" (618 - 907) wurde das mittlere China durch General „Li Yuan" mit dem Norden vereint. Als späterer Kaiser „Gaozu" machte „Li Yuan" sein 60-Millionen-Volk zu einer Großmacht, deren politischer Einfluß bis zum Aral-See reichte.

Die glanzvolle Herrschaft der Tang-Kaiser förderte in einzigartiger Weise Wohlstand und Kultur des Landes. Musik, Tänze und Mode hatten ebenso einen hohen Stellenwert wie das Lesen von Gedichten. Die Umgangsformen, die Körperpflege einschließlich Make-up und die Wohnkultur wurden verfeinert. Feng Shui avancierte zur Wissenschaft, wobei sich gleichzeitig eine Gegenbewegung formierte. Regierungsbeamte und Priester waren die Feng Shui-Experten, und in dieser Epoche wurden viele Bücher über dieses Thema verfaßt.

Während der „Song-Dynastie" (960 - 1279) florierte der Handel. Chinas Technik war die fortschrittlichste der Welt. Eine neue Hauptstadt, „´Lin´an" (heute „Hangzhou"), wurde am Meer errichtet, in der rund zwei Millionen Menschen auf einer Fläche von 1.600 km^2 lebten. Diese neue Hauptstadt war für China das Tor zur Welt.

Der Mongolenherrscher „Dschingis-Khan" (1162 - 1227) begann etwa ab dem Jahre 1210 mit seinen Eroberungszügen. Von Norden her eroberte er, vorsichtig und überlegt, China. Er besetzte „Peking" und „Yelü Chucai", dessen Gouverneur zu Dschingis-Khans wichtigstem Berater wurde.

In der „Yuan-Dynastie" (1280 - 1368) herrschten eine Million Mongolen über 60 Millionen Chinesen. Der Enkel Dschingis-Khans, „Kublei-Khan", wurde in China als Kaiser eingesetzt (1280 - 1294). Das Land wurde durch ihn wieder vereint. Große Straßen mit Hunderten von Poststationen verbanden die neue Hauptstadt „Peking" mit dem reichen Süden. Das kam auch den ausländischen Besuchern zugute, die jetzt häufig das Land bereisten. Während der Mongolenherrschaft durften die Chinesen keine wichtigen Staatsämter bekleiden, und Chinesisch war nur als zweite Amtssprache neben dem Mongolischen erlaubt.

Der buddhistische Bettelmönch „Taizu" stellte sich an die Spitze der Ausgebeuteten und verjagte den letzten Mongolenkaiser. Er wurde Kaiser und nannte die neue Dynastie „Ming" (1368 - 1644), was soviel wie „hell" oder „strahlend" bedeutet.

Er selbst herrschte jedoch als brutaler Despot über die Untertanen. Unter ihm entstand eine vollständige Volksüberwachung, und um der Korruption vorzubeugen, ließ er Beamte hinrichten. Das Handwerk blühte auf, und es entstanden die weltberühmten Porzellanmanufakturen Chinas. In der „Ming-Dynastie" wurde in Peking die „verbotene Stadt" errichtet, in der zwischen 1406 und 1911 die Kaiser wohnten.

Außerdem wurden die Befestigungen um Peking herum verstärkt und die „Große Chinesische Mauer" im Norden Chinas errichtet.

Im Jahre 1644 erlag Peking dem Ansturm der Bevölkerung aus dem Norden, die unter einer großen Hungersnot litt. Um nicht den Rebellen in die Hände zu fallen, erhängte sich der letzte Kaiser der „Ming-Dynastie".

Bild 6: Pagode des Hokoji-Tempels am Berg Tendai (China)

Die „Mandschu-Dynastie", die sich im Norden Chinas immer mehr festigte, herrschte nun über China. Sie übernahm Chinas Sprache und Kultur. Während dieser „Qing-Dynastie" (1644 - 1912) wurde sehr viel Geld in den Aufbau von Schulen, Bibliotheken und den Druck von Enzyklopädien investiert.

Der Kaiserhof interessierte sich für Feng Shui, nahm es sehr ernst und ließ Renovierungen nach dieser Methode vornehmen. Es herrschte jedoch auch eine strenge Zensur, und die Beamten begegneten neuen Ideen zunächst mit tiefem Mißtrauen. Dadurch geriet China in seiner Entwicklung gegenüber Europa immer mehr ins Hintertreffen.

In den Jahren von 1730 - 1830, also innerhalb von 100 Jahren, verdoppelte sich die Einwohnerzahl des Landes auf schätzungsweise 400 Millionen, wodurch zwangsläufig große Ernährungsprobleme entstanden.

In den nächsten Jahrzehnten (1840 - 1912) schwächten vier große Kriege und eine ganze Reihe von Revolutionen das Reich, wodurch China schließlich zur Republik wurde. Während eines weiteren, 20 Jahre dauernden Bürgerkriegs gelang es den Kommunisten unter „Mao Tse-tungs" Führung, 1935 die Anti-Kommunisten zurückzuschlagen.

Am 1. Oktober 1949 wurde die „Volksrepublik China" ausgerufen. Mao, jetzt Parteivorsitzender und Staatsoberhaupt, nahm den Bauern jedoch das Land wieder ab, für das sie gekämpft hatten. Es begann die Kollektivierung der Landwirtschaft. Allerdings zeigten Maos politische Konzepte keinen Erfolg, weshalb er 1959 zurücktrat, sich jedoch weiterhin als Parteiführer feiern ließ.

Seine Lehre wurde auf Merksätze reduziert und fand als „Mao-Bibel" millionenfache Verbreitung. Der Konfuzianismus wurde durch den Maoismus als Staatsdoktrin ersetzt. Während es den meisten Chinesen am Nötigsten fehlte, lebte Mao, wie die früheren Kaiser, mit Purpurpracht und beheiztem Privatswimmingpool.

Im Mai 1966 startete Mao aus Angst vor dem liberalen Kurs seines Nachfolgers „Deng Xiaoping" die „Kulturrevolution". Die „Roten Garden", bestehend vor allem aus linksextremen Studenten, sollten den Staatsapparat erneuern. Die Rotgardisten gerieten jedoch außer Kontrolle, was Massenkundgebungen, Terror und Exzesse zur Folge hatte. Deng Xiaoping wurde all seiner Ämter enthoben. Mao mobilisierte die Armee gegen die Geister, die er gerufen hatte, und im Oktober 1968 kehrte wieder Ruhe ein. 1978 starb Mao Tse-tung. Deng Xiaoping, inzwischen voll rehabilitiert, leitete die „Entmaoisierung" ein. Sein politisches Konzept lautet: eine harte Linie in der Innen- und Außenpolitik und bisher ungekannte Freiheiten in der wirtschaftlichen Entwicklung Chinas.

Mao Tse-tung wurde für die chinesische Jugend zum Symbol des Protestes gegen die kapitalistische Mentalität. Sein Geburtsort und sein Mausoleum am „Platz des himmlischen Friedens", an dem am 3. und 4. Juni 1989 ein friedlicher Studentenaufstand vor den Augen der Welt auseinandergetrieben wurde, wobei Tausende ihr Leben ließen, sind Wallfahrtsorte.

Die Partei hält mit dem Personenkult um Deng Xiaoping dagegen und versucht zudem, mit der Berufung auf Konfuzius und dessen obrigkeitsfreundliche Lehren zusätzliche Standfestigkeit zu erlangen. Der Geburtsort von Deng, „Qufu", steht unter Denkmalschutz; eine Forschungsgesellschaft und eine Konfuzius-Stiftung untermauern den Ruhm des großen Gelehrten Konfuzius.

Unter Aufruhr, Kriegen und Revolutionen litt vor allem die einfache Bevölkerung. Sie suchten vermehrt Sicherheit in alten Traditionen, wodurch die Volksreligion, der Ahnenkult mit seinem Aberglauben und die Verehrung vieler verschiedener Götter neuen Aufschwung erhielten. Begräbnisstätten werden immer größer und prunkvoller angelegt. „Totenehen" sind wieder verbreitet, bei denen für tote Kinder tote Partner gesucht werden, um das Paar gemeinsam beisetzen zu können. Für eine tote Tochter werden 1000 Yuan (200 DM) gezahlt. Schamanen in Dschungelgebieten verbieten den Menschen, sich von Ärzten behandeln zu lassen. Feng Shui ist zwar seit der Kulturrevolution offiziell verboten, aber vielleicht finden wir es gerade deshalb im täglichen Leben der Chinesen überall wieder.

Trotz des Verbotes werden bekannte Feng Shui-Professoren beauftragt, Forschungen zu diesem Thema durchzuführen. In Peking wurde erst kürzlich das erste Feng Shui-Museum eröffnet.

Mittlerweile sind Hongkong und Taiwan zu Feng Shui-Hochburgen avanciert, was bedingt, daß kein Chinese ein Haus, eine Wohnung oder ein Geschäft anmietet oder kauft, ohne vorher einen Feng Shui-Berater zu konsultieren. Selbst namhafte europäische Architekten müssen sich in China beim Bau eines Gebäudes nach den Feng Shui-Regeln richten, um sich nicht den Unwillen der Bevölkerung zuzuziehen.

Zum Schluß noch zwei kleine Geschichten zum Thema Feng Shui, die aus dem Hongkong der neueren Zeit stammen.

- Die Feng Shui-Berater Hongkongs waren in den 70er Jahren viele Monate damit beschäftigt, einen geeigneten Ort für einen neuen Friedhof zu suchen. Sie fanden diesen perfekten Ort auf einer kleinen Insel in der Micro-Bucht. Obwohl die Anreise für die Einwohner langwierig und mühsam ist, begraben sie dort seither ihre Angehörigen.
- In Hongkong wurde die „Bank of China" von einem Architekten gebaut, der unter Beachtung der Feng Shui-Regeln den Bau mit einer scharfen Ecke versah, die genau auf das Regierungsgebäude des britischen Gouver-

neurs zeigt, was die kommunistischen Auftraggeber in Peking voll Wohlwollen akzeptierten. Der Gouverneur schützte sich gegen den feindlichen Angriff mit dem Bau eines Erdwalls.

Natürlich glauben die kommunistischen Auftraggeber und der Gouverneur keineswegs an Feng Shui, aber: Sicher ist sicher!

第二章

Kapitel 2:
Philosophie und Wissenschaft

Während der „Sung-Dynastie" von 1126 bis 1278 verfaßte der Chinese „Choo-hé" eine sehr interessante philosophische Abhandlung, deren Inhalt, in ähnlicher Form, auch in unserer Zeit in theosophischen Büchern zu finden ist.

Er interpretierte auf einfache und logische Weise die Entstehung der Welt und damit unserer Materie und ihrer Energien, die Einfluß auf uns nehmen.

Das bestehende, abstrakte Prinzip, „Monade" genannt, verkörpert das absolute Nichts, den Urstoff. Er ist der Ursprung jeglicher Existenz. Als Er hervortrat aus der Ewigkeit hinein in die Zeit, erschuf Er durch seine Atemzüge dieses Universum, mit all seinen Lebewesen.

Dieser Atem symbolisiert die Lebensenergie und wird mit „Chi" – Atem der Natur – bezeichnet. Das Einatmen symbolisiert die Ruhe nach intensiver Bewegung. Es ist das weibliche Prinzip, die Erde. Das Ausatmen symbolisiert die Erstarrung, das männliche Prinzip, den Himmel.

Das Universum mit allem, was darin lebendig ist – Menschen, Tiere, Pflanzen, Mineralien –, wurde nach festen Gesetzen geschaffen. „Li" steht für die Ordnung der Natur.

Das Zusammentreffen der subtilen Energien des Chi (Atem der Natur) und Li (Gesetze der Natur) kann zurückverfolgt werden, denn sie bilden eine genaue Übereinstimmung mit mathematischen Prinzipien, die in Diagrammen verbildlicht sind. Diese Diagramme sind die Darstellung numerischer Proportionen des Universums. Sie werden mit „Su" – mathematische Proportionen der Natur – bezeichnet.

Chi – Li – Su – sind nicht direkt wahrnehmbar, sondern ausschließlich durch ihre Manifestation in den Formen und Umrissen der physischen Natur sichtbar.

Abstraktes Prinzip
Monade
(absolutes Nichts)

Ursprung jeglicher Existenz

Atem = Chi
(Lebensenergie oder Atem der Natur)

Ausatmen	Einatmen
Erstarren	Ruhe
männliches Prinzip	weibliches Prinzip
Himmel	**Erde**

Entstehung des Universums
Menschen
Tiere
Pflanzen
Mineralien
nach Gesetzen der Natur
Li

Darstellung der mathematischen Prinzipien
Su
(mathematisches Prinzip der Natur)

Chi – der Atem der Natur

Diese Formen der Natur, „Ying" genannt, wurden eingehend studiert. Diese Studien, unter dem Begriff der „Geomantie" zusammengefaßt, führten zu den obengenannten Erkenntnissen.

Die Natur ist ein lebender, atmender Organismus. Der ausströmende und zurückkehrende Atem sind Ausdruck der spirituellen Energie der männlichen und weiblichen Prinzipien.

Demnach verkörpert die beginnende Erstarrung des Atems der Natur den Übergang vom Nichts zum Sein des männlichen Prinzips, und die beginnende Erschöpfung des Atems der Natur ist der Übergang vom Sein zum Nichtsein des weiblichen Prinzips der Natur. Es handelt sich um das Prinzip von Leben und Tod.

Das andauernde Pulsieren des Atems mit seinem ständigen Wechsel zwischen Expansion und Kontraktion wird in den „sechs Zuständen der Atmosphäre", auch die „sechs Atemzüge der Natur" genannt, gegenwärtig: Kälte, Hitze, Trockenheit, Feuchtigkeit, Wind und Feuer.

Diese sechs Zustände bilden, kombiniert mit den fünf Planeten und fünf Elementen, die 24 Atemzüge der Natur, die Jahreszeiten.

Auch die chinesische Meteorologie basiert auf dem Zusammenspiel vom Atem der Natur mit den Elementen und Planeten:

- Chi + Holz   + Jupiter = **Regen**
- Chi + Metall + Venus   = **schönes Wetter**
- Chi + Feuer   + Mars   = **Hitze**
- Chi + Wasser + Merkur   = **Kälte**
- Chi + Erde   + Saturn   = **Wind**

Die Anordnung und die Kräfte des Himmels spiegeln sich auf der Oberfläche der Erde, also hat der Himmel sein Gegenstück auf der Erde. Wo immer der Atem pulsiert, wird auf der Erde irgendeine sichtbare Bodenerhebung oder eine magnetische Strömung nachweisbar sein, die entweder dem weiblichen oder dem männlichen Aspekt zuzuordnen ist. Die Chinesen teilen das Firmament in Osten (männlich) und Westen (weiblich) und geben den subtilen Einflüssen des Lebensatems den Namen „Grüner Drache" und „Weißer Tiger".

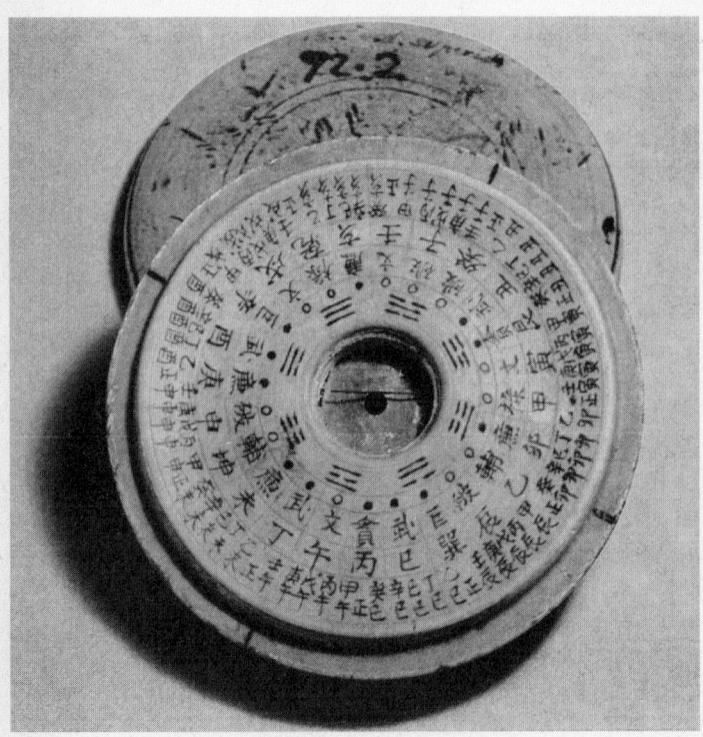

Bild 7: Ein Lo Pan (Feng Shui-Kompaß) aus Holz, lackiert, um 1600, mit dem die kosmischen und örtlichen Einflüsse für einen Standort bestimmt werden.
History of Science Museum, London

Erkennen wir in der Natur einen Drachen, so werden wir auch einen Tiger finden. Beide zeigen sich in den Umrissen von Bergen oder Hügeln, die eine gewundene, gebogene Linie beschreiben.

Li – die Gesetze der Natur, des physischen Universums

Alles Irdische hat seinen Ursprung und seine herrschende Stelle im Himmel. Der Himmel stellt den Idealzustand dar, die Erde seine grobe, materielle Spiegelung.

Das schillernde Firmament spiegelt sich in der Oberfläche der Erde, die Sterne finden wir in den Bergen wieder, die Milchstraße erkennen wir in Ozeanen und Flüssen.

Die Sonne steht für das männliche und der Mond für das weibliche Prinzip, und die fünf Planeten decken sich mit den fünf Elementen.

Hier sehen wir, wie sich das Gesetz „wie oben, so unten" manifestiert. Feng Shui ist der Schlüssel, um die Schrifttafeln des Himmels zu entziffern.

Um dieses himmlische Horoskop entschlüsseln zu können, muß man die allgemeinen Prinzipien oder Gesetze der Natur, wie die Chinesen sie sehen, kennen und begreifen.

1. Der Himmel regiert die Erde

In den Einfluß von Sonne und Mond gehören:

<u>Die zwölf Tierkreiszeichen</u>

Widder	⇔	Ratte	Waage	⇔	Pferd
Stier	⇔	Ochse	Skorpion	⇔	Schaf
Zwilling	⇔	Tiger	Schütze	⇔	Affe
Krebs	⇔	Hase	Steinbock	⇔	Hahn
Löwe	⇔	Drache	Wassermann	⇔	Hund
Jungfrau	⇔	Schlange	Fisch	⇔	Schwein

Die 28 Konstellationen des Mondes oder der Häuser im monatlichen Kurs

1 Monat = 28 Tage, in vier Sektionen unterteilt.

Osten	Grüner Drache	7 Konstellationen
Norden	Schwarze Schildkröte	7 Konstellationen
Westen	Weißer Tiger	7 Konstellationen
Süden	Roter Vogel	7 Konstellationen

Bild 8:   Detail einer gekachelten Zwischenwand der Südmauer der „Verbotenen Stadt" in Peking

Die Tiere sind Geister, die die Erde beeinflussen. Bestimmte Zahlen stellen eine glückliche Verbindung mit Sonne oder Mond dar:

Sonne	4 – 11 – 18 – 25
Mond	5 – 12 – 19 – 26

Die fünf Planeten

Genau wie Sonne und Mond sind auch die fünf Planeten glückbringend mit bestimmten Zahlen verbunden:

Jupiter	1 – 8 – 15 – 22
Venus	2 – 9 – 16 – 23
Saturn	3 – 10 – 17 – 24
Mars	6 – 13 – 21 – 27
Merkur	7 – 14 – 20 – 28

Außerdem werden den fünf Planeten die fünf Elemente und bestimmte okkulte Eigenschaften zugeordnet:

Jupiter	Holz	O	Frühling	Gutmütigkeit
Mars	Feuer	S	Sommer	Angemessenheit
Venus	Metall	W	Herbst	Anstand
Merkur	Wasser	N	Winter	Weisheit
Saturn	Erde	Mitte	Spätherbst	Treue

Die fünf Planeten stellen zusammen mit Sonne und Mond die sieben Herrscher über die Jahreszeiten dar, für die auch die sechs Zustände sowie die sieben Sterne des Großen Bären von Bedeutung sind.

Die 24 Jahreszeiten im Überblick:

Frühlingsanfang	15. Grad Wassermann	5. Feb
Regenzeit	Eintritt der Sonne Fisch	19. Feb
Erregung der Insekten	15. Grad Fisch	5. März
Frühjahr: Tag- u. Nachtgleiche	Eintritt der Sonne Widder	30. März
Hell und klar	15. Grad Widder	5. April
Befruchtender Regen	Eintritt der Sonne Stier	20. April
Sommeranfang	15. Grad Stier	5. Mai
Das Getreide füllt sich	Eintritt der Sonne Zwilling	21. Mai
Das Getreide in der Ähre	15. Grad Zwilling	6. Juni
Sommer- sonnenwende	Eintritt der Sonne Krebs	21. Juni
Kleine Hitze	15. Grad Krebs	7. Juli
Große Hitze	Eintritt der Sonne Löwe	23. Juli
Herbstanfang	15. Grad Löwe	7. Aug
Hitze begrenzt	Eintritt der Sonne Jungfrau	23. Aug
Weißer Tau fällt	15. Grad Jungfrau	8. Sep
Herbst- sonnenwende	Eintritt der Sonne Waage	23. Sep
Kalter Tau fällt	15. Grad Waage	8. Okt
Kommt Frost	Eintritt der Sonne Skorpion	23. Okt
Winteranfang	15. Grad Skorpion	7. Nov

Wenig Schnee	Eintritt der Sonne Schütze	22. Nov
Große Masse Schnee	15. Grad Schütze	7. Dez
Winter- sonnenwende	Eintritt der Sonne Steinbock	22. Dez
Kleine Kälte	15. Grad Steinbock	6. Jan
Große Kälte	Eintritt der Sonne Wasser- mann	20. Jan

Die sieben Sterne des Großen Bären

Die sieben Sterne des Großen Bären interpretieren die Chinesen als die Nachbildung einer Uhr. Der Körper des Großen Bären befand sich in Vorzeiten nahe beim Nordpol, und der Schwanz drehte sich um den Pol wie der Zeiger einer Uhr. Nimmt man nun die Erdoberfläche als Zifferblatt und teilt den Horizont in 24 gleiche Abschnitte, während der Schwanz des Großen Bären den Zeiger der Uhr darstellt, so lassen sich die 24 Jahreszeiten leicht feststellen. Zeigt der Schwanz des Großen Bären bei Nachteinbruch nach

Osten   ⇔   es ist Frühling;
Süden   ⇔   es ist Sommer;
Westen   ⇔   es ist Herbst;
Norden   ⇔   es ist Winter.

Diese sieben Sterne des Großen Bären üben einen großen Einfluß auf die Bewohner der Erde aus und bilden gemeinsam mit Sonne und Mond die „neun Leuchten der Welt".

Bild 9: Eine Illustration des „Buches der Urkunden" aus der späten Ch'ing-Zeit zeigt die legendären Brüder Hsi und Ho. Sie empfangen vom heiligen Kaiser Yao den kaiserlichen Auftrag, den Kalender zu schaffen und den Himmelskörpern Beachtung zu schenken.

39

Die neun Sterne der nördlichen Gruppe

Auch sie sind wichtig für die Bestimmung eines günstigen Ortes, jedoch ist ihre Position am Himmel nicht eindeutig festgelegt. Eine klare Definition gibt es nicht, und es bleibt der Kunst des Betrachters überlassen herauszufinden, welcher Berg oder welcher Hügel mit einem dieser Sterne zusammenhängt.

2. Himmel und Erde beeinflussen alle Lebewesen

Mit eigener Macht können wir diesen Einfluß zu unserem Vorteil nutzen, wie dies zum Beispiel in Europa mit dem Mondkalender geschieht.

3. Die Geschicke der Lebenden hängen auch von dem guten Willen und dem allgemeinen Einfluß der Toten ab

Daraus könnte man schließen, daß die Chinesen die Vorstellung besitzen, die Existenz für den Menschen und seine zwei Seelen sei ausschließlich innerhalb dieser Atmosphäre begrenzt. Dieser Glaube weicht sehr vom christlichen Glauben an ein Weiterleben nach dem Tode ab. Es bestehen die unterschiedlichsten Ansichten über diesen Punkt, der, wie bereits erwähnt, gleichzeitig am stärksten vom Aberglauben geprägt ist.

Su – die mathematischen Proportionen der Natur

Schon vor mehr als 2000 Jahren besaßen die Chinesen ein Schema von Diagrammen (Schaubildern). Wie bereits beschrieben, erkannten sie die Polarität von Himmel (männlich) und Erde (weiblich), die sie mit „Yang und Yin" symbolisch ausdrückten und in ein einfaches System umsetzten:

- kreatives männliches Prinzip
- kreatives weibliches Prinzip

Die folgenden vier Diagramme wurden nun in vielfältigster Weise kombiniert und ergänzt – zum Beispiel durch die elementaren Naturkräfte, die sich in Donner, Wind, Feuer, Bergen und Seen darstellen –, wodurch ein neuer Satz von Trigrammen entstand. Die ursprüngliche Anordnung dieser Trigramme, die „pränatale Himmelssequenz" (s. Bild 10), spiegelt das starre System der Polarität, in dem sich die Kräfte konträr gegenüberstehen.

Die vier wichtigsten Diagramme	Symbol für
▬▬▬ großes männliches Prinzip	Sonne, Hitze Intellekt, Augen
▬▬ ▬▬ großes weibliches Prinzip	Planeten, Nacht Körper, Mund
▬▬ ▬▬ kleines männliches Prinzip	Mond, Kälte Leidenschaft, Ohren
▬▬ ▬▬ kleines weibliches Prinzip	Sterne, Tageslicht Form, Nase

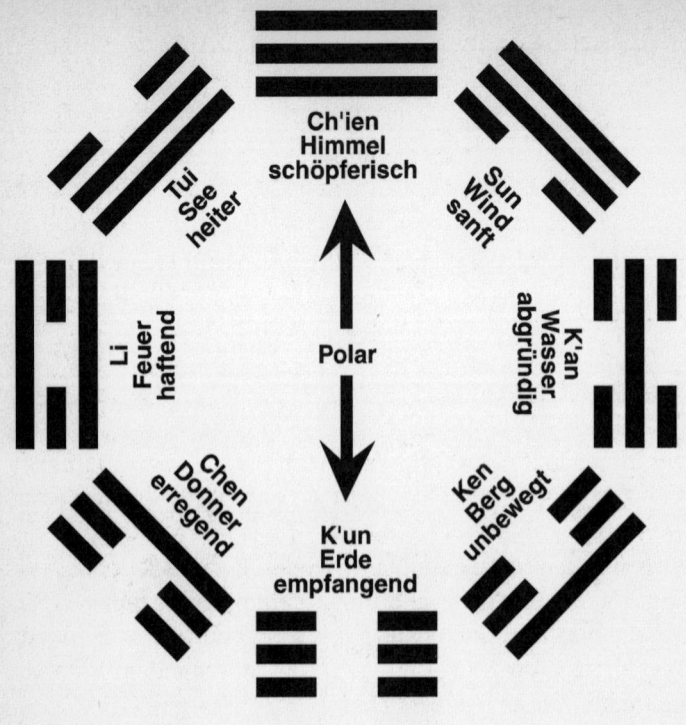

Bild 10: Die „pränatale Himmelssequenz"

Da jedoch die Natur von einem ständigen Rhythmus geprägt ist, wurde die Anordnung so geändert, daß sie die Natur und den Kosmos reflektiert, ähnlich der Abfolge der Jahreszeiten. Diese Anordnung der Trigramme wird als „postnatale Himmelssequenz" bezeichnet (s. Bild 11) und bildet im Feng Shui eine wichtige Grundlage für unterschiedliche Berechnungen.

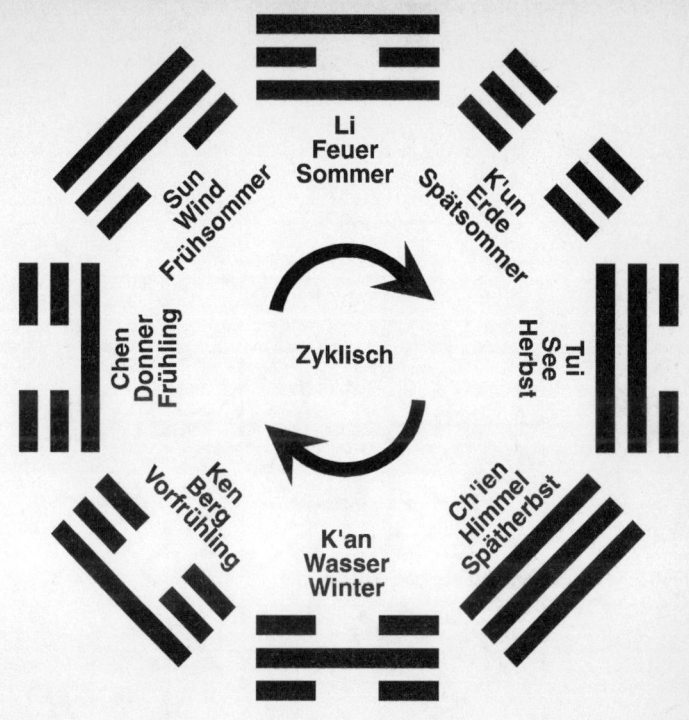

Bild 11: Die „postnatale Himmelssequenz"

Feng Shui hat die Absicht, die beiden Welten (Himmel und Erde) zu harmonisieren sowie Yin und Yang auszugleichen.

„Feng Shui" wird meist mit „Wind und Wasser" übersetzt, obwohl sich hinter beiden Begriffen ein wesentlich tieferer Sinn verbirgt.

Feng: Der Wind, das Unsichtbare, die Bewegung, das Aktive, Yang, der Träger der Energie, das Ätherische.

Shui: Das Wasser, das Sichtbare, das Nährende, das Ruhende, Yin, der Behälter der Energie, das Materielle.

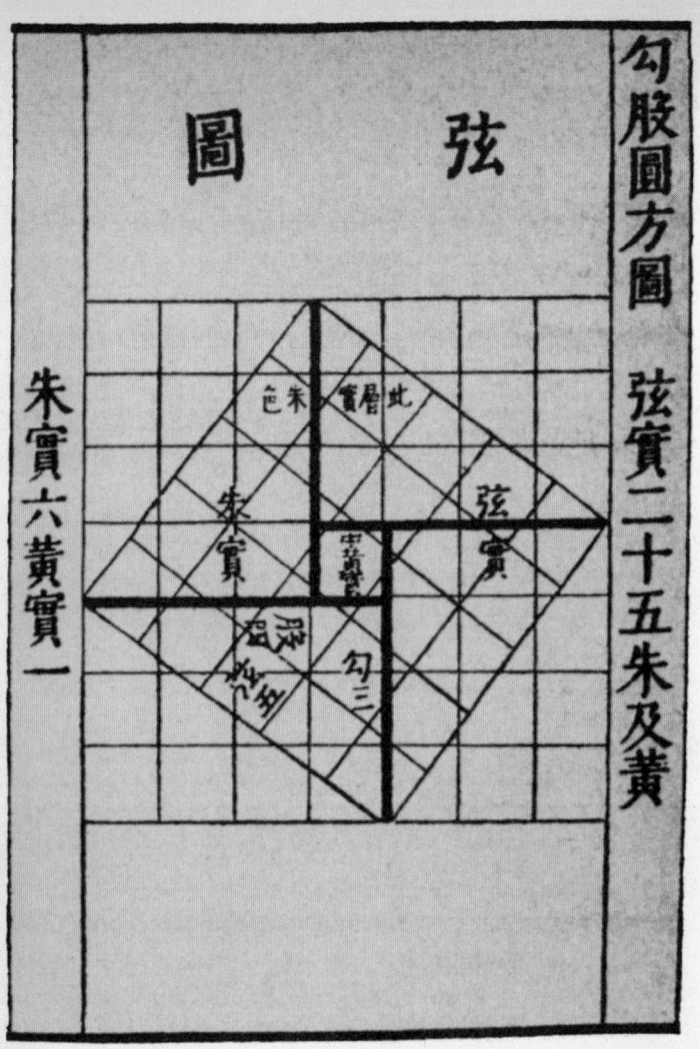

Bild 12: Der Lehrsatz des Pythagoras war eines der wenigen Theoreme, bei denen sich die chinesische Geometrie mit der euklidischen deckte. Ein Beweis ist hier im „Chou-pi suan-ching" illustriert.

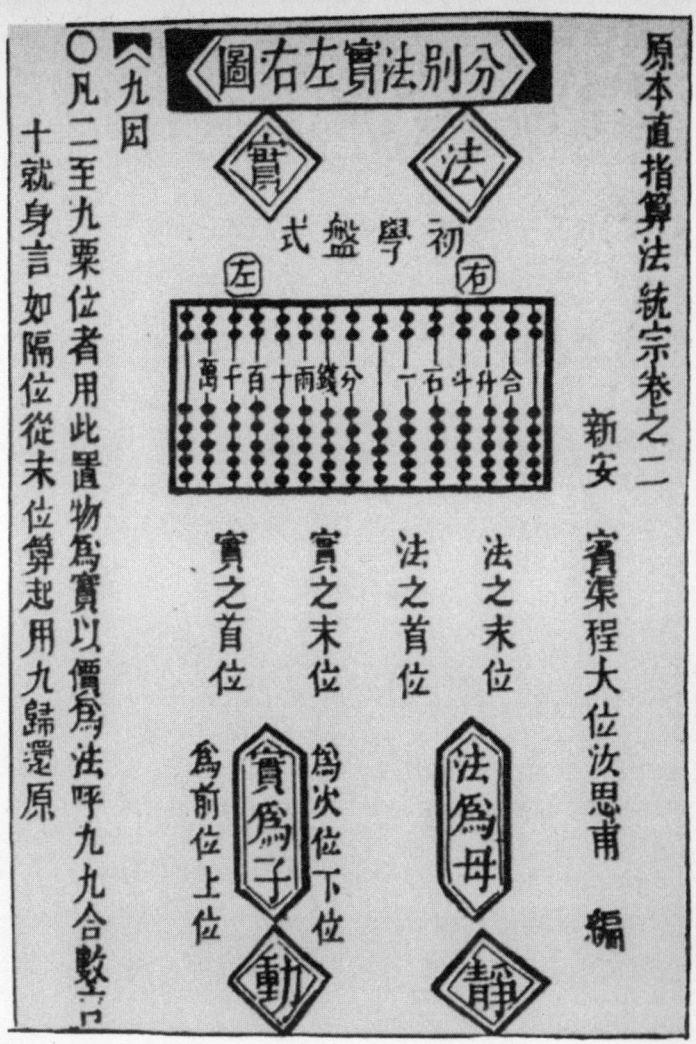

原本直指算法統宗卷之二

新安 賓渠程大位汝思甫 編

【九因】

〇凡二至九粟位者用此置物為實以價為法呼九九合數

十就身言如隔位從末位算起用九歸還原

分別法寶左右圖

寶 法

初學盤式

左 右

萬 千 百 十 兩 錢 分 一 石 斗 升 合

法之末位 為次位下位

法之首位 為母 法

寶之末位 為子 動 寶

寶之首位 為前位上位 靜

Bild 13: Abakus aus dem 16. Jahrhundert. Der Abakus ist ein schnelles und hochentwickeltes Rechenbrett, das das Ziehen von Quadrat- und Kubikwurzeln erlaubt und heute noch in Ostasien weitverbreitet ist.

45

第三章

Kapitel 3:
Grundlegende Gesetzmäßigkeiten

Immer wieder begegnen uns Aussagen wie: „Ein Angestellter dreht seinen Schreibtisch in eine günstige Richtung – mit dem Blick zur Tür –, und binnen einer Woche wird er befördert." Oder: „Ein verarmtes Mädchen ölt die rostige Türklinke und findet Arbeit." Wir könnten unzählige solcher Beispiele anführen, und mit jedem Beispiel würde in uns ein seltsamer, unguter Beigeschmack aufsteigen – zu Recht. In vielen Büchern liest sich Feng Shui wie ein Kochrezept: „Man nehme 500 g Mehl, 100 g Zucker usw. Die Zutaten gründlich mischen, in den Ofen schieben – und wenn Sie alles richtig befolgt haben, wird Ihnen der Kuchen vorzüglich gelingen."

Hier muß erneut darauf hingewiesen werden, daß Entstehung und Handhabung von Feng Shui in China in einem uneingeschränkten Aberglauben und instinkthaftem Wissen wurzeln. Es wäre jedoch zu einfach, beließen wir es dabei. Es ist unsere Aufgabe, ohne anmaßend zu sein, Feng Shui mit dem intellektuellen und spirituellen Wissen unserer westlichen Kultur zu erweitern.

Würden wir die Zeichen der Zeit, nämlich die Notwendigkeit, unser Denkvermögen zu gebrauchen und mit dem alten, instinktiven Wissen zu verbinden, nicht beachten, käme das einem Rückfall in Aberglaube und Infantilismus gleich. Wir sollten Altes, Überliefertes prüfen und hinterfragen, Illusionen und Naivität erkennen und dadurch vorwärtsgehen statt zurück!

Feng Shui ist kein Allheilmittel und besitzt keinen Anspruch auf die einzige, alleingültige Wahrheit. Es sollte als ein Hilfsmittel unter vielen verstanden werden, das uns auf unserem Evolutionspfad ein Stück weiterbringen kann – durch mehr Bewußtheit uns selbst und unserer Umgebung gegenüber.

Das „Neue", das „Wassermannzeitalter", fordert uns auf, die Macht der Gedanken zu erkennen, die große Bedeutung des schöpferischen Geistes zu verstehen, unser Bewußtsein zu öffnen, uns freizumachen von Vorurteilen, jeglicher Voreingenommenheit und allem Aufgezwungenen. Es fordert uns auch auf, selbständiges Denken und Handeln im Einklang mit den Gesetzen des Kosmos und der Natur zu lernen. Dazu müssen wir diese Gesetze kennen und verstehen.

Das Gesetz des Karma

Das faszinierendste Gesetz unseres Sonnensystems ist das Gesetz von „Karma – das Gesetz von Wirkung und Rückwirkung" (Karma = Sanskrit für „Handlung"). Es basiert auf Ursachen, die in der Zusammensetzung der Materie enthalten sind und mit der Wechselwirkung kleinster, atomarer Einheiten zusammenhängen – egal, ob es sich dabei um ein Atom der Substanz oder um das eines Menschen, Planeten oder solaren Atoms handelt.

Wenn ein Wesen handelt, handelt es von innen, aus seiner eigenen Energie heraus und setzt dadurch Energie frei. Dieser Ausstoß von Energie wirkt auf die uns umgebende Umwelt ein – die Natur, die wiederum entsprechend reagiert. Es entsteht eine Kette von Verursachungen, die in die endlose Vergangenheit zurückreicht und sich notwendigerweise auch in die endlose Zukunft erstreckt.

Also bedeutet „Karma" die Wechselwirkung dieser Energien und beinhaltet gleichzeitig die Lehre des freien Willens. Naturgemäß ist das Wesen, das eine Bewegung oder Handlung einleitet – egal, ob diese spiritueller, mentaler, psychischer oder physischer Art ist –, verantwortlich für das, was früher oder später auf ihn selbst, den Handelnden, an Folgen und Wirkungen zurückkommt.

Karma umfaßt daher alles, was der Mensch – im Verlauf der Zeit bis zum jetzigen Augenblick – aufgelöst, angefangen, fortgeführt, gutgeheißen, unterlassen oder Rechtes getan hat. Indem wir eine Ursache schaffen, schaffen wir auch ihr Ergebnis. Alles, was uns widerfährt, entspringt dem eigenen Denken oder Handeln – dem positiven wie dem negativen – und geschieht stets zu unserem Wohle. Das Auflösen vorhandener Energien dient der Entwicklung des Menschen, auch wenn ihr Ergebnis als hinderlich, problematisch oder schwierig empfunden wird. Strafe und Lohn an sich gibt es nicht, doch das Resultat unserer Handlungen existiert sehr wohl, und das kann erfreulich oder unerfreulich sein. Wenn wir das Gleichgewicht der Natur auf irgendeine Art stören, so bringt sie sich auf unsere Kosten unfehlbar wieder in Ordnung, eine Erfahrung, die wir tagtäglich machen.

Wir müssen also umdenken unnd begreifen, daß alles aus einem ganz bestimmten Grund und zu einem ganz bestimmten Zweck geschieht. Was uns auch erreicht, Positives oder Negatives, wird ausschließlich von unserer eigenen Energie ausgelöst, die sich extern die korrespondierende Energie sucht und uns in Form von Situationen, Menschen, Krankheiten, Glücksfällen usw. wieder zufließt.

Drei verschiedene Arten von Karma wirken auf uns ein:

- Das Karma des Landes, in das wir geboren wurden.
- Das persönliche Karma dieses Lebens, das sich durch unser Horoskop ausdrückt.
- Das Karma, das wir uns durch unser Denken und Handeln selbst tagtäglich erschaffen.

Vor kurzem hörte ich ein Gespräch, in dem eine Frau zu ihrem Gegenüber sagte: „Das Wichtigste für mich ist, wenn ich am Abend ins Bett gehe und niemandem etwas Böses getan habe – dann kann ich ruhig einschlafen!"

Diese Aussage hat jedoch nur zum Teil seine Richtigkeit. Vor jeder Tat steht zuerst ein Gedanke, aber nicht jeder Gedanke führt automatisch zu einer Handlung. Trotzdem lösen wir mit jedem Gedanken etwas in unserer Umwelt aus.

Auf der Gedankenebene (Mentalebene) entsteht die eigentliche Individualität, die den Menschen vom Tier unterscheidet. Auf dieser Ebene wird der Mensch mittels seines Gedanken- oder Mentalkörpers durch sein Denken tätig, dessen Ergebnis die Gedanken sind.

Unser Handeln wird von unseren Gedanken bestimmt. Jede Aktivität, gleich welcher Art, ist das Resultat bewußter oder unbewußter Gedanken. Deshalb sollte es ganz besonders wichtig sein, daß wir auch für unsere Gedanken Verantwortung übernehmen. Damit ist jedoch nicht gemeint, daß Sie sich den ganzen Tag darauf trimmen, nur noch positiv zu denken.

Stellen Sie sich vor, Sie haben Ärger mit Ihrer Nachbarin, können dies jedoch nicht nachvollziehen und wissen eigentlich nicht, warum Sie diesen Ärger haben. Tatsache ist: Ihre Gedanken versuchen ständig, die Ursache der Problematik herauszufinden, und wenn Sie sie fragen würden, könnte Ihre Nachbarin Ihnen vielleicht sogar nicht einmal genau sagen, welchen Grund sie nun eigentlich hat. Da Sie also den Grund nicht herausfinden können, bemühen Sie sich, bei jedem Gedanken an Ihre Nachbarin einen positiven Gedanken dagegenzusetzen. Sollten Sie stark genug sein, dies auf Dauer durchzuhalten, könnte es sein, daß plötzlich Ihre Nachbarin aufhört, Ärger zu machen. Seien Sie dann aber darauf gefaßt, daß eine andere Person auf Sie zukommt und Ärger macht, den Sie nicht nachvollziehen können. Sie können jetzt natürlich Ihr ganzes Leben lang so fortfahren. Vielleicht ist Ihnen zwischendrin sogar eine kleine Pause vergönnt, in der Regel spitzt sich eine unerledigte Angelegenheit jedoch zu, bis sie am Ende eskaliert.

Also wäre es doch einfacher, gleich bei der ersten Nachbarin zu überlegen, was die Konfrontation mit dem Ärger Ihrer Nachbarin Sie lehren soll. Ehrlichkeit sich selbst gegenüber ist dabei der erste Schritt. Fragen Sie sich einfach: „Was ärgert mich denn so? Was halte ich an dieser Situation nicht aus? Welche Gefühle kommen in mir hoch? Erinnert mich die Situation an eine frühere Begebenheit, die ich auch nicht verarbeitet habe?" Seien Sie Ihr eigener Detektiv. Sortieren Sie die Anteile, die von Ihnen gelöst werden müssen, und die Anteile, die zu Ihrer Nachbarin gehören. Je ehrlicher Sie sind, um so leichter können Sie mit dieser Situation umgehen. Lernen Sie dabei, Mißgunst, Ablehnung und Neid zu ertragen. Es ist sehr schwierig für uns, solche Gefühle anzunehmen, doch darin liegen viel Kraft und Toleranz.

Was auch geschieht, so lernen wir doch, Resultate und Begebenheiten immer zuerst auf uns selbst zu beziehen. Bewußte, unbewußte und vor allem verdrängte Gedanken drücken wir, ähnlich wie im Traum, über Symbole aus. Sie drängen sich in unser Bewußtsein und äußern sich über unsere Umgebung, unsere Wohnung und unseren Arbeitsplatz.

Alles, die kleinste Kleinigkeit, Gewohnheiten oder Selbstverständlichkeiten, Vorlieben oder Abneigungen –, auch alles, was wir automatisch tun und wie wir es tun – all das gibt uns Hinweise auf unsere Persönlichkeit und vor allem auf Problembereiche in unserem Leben.

Wir sind also keine hilflosen Opfer des Schicksals, sondern immer in der Lage, durch bewußtes Umgehen mit uns selbst und anderen unser Leben selbst in die Hand zu nehmen und zu gestalten.

Der alleinige Sinn unseres Lebens besteht in der absoluten Weiter- und Vorwärtsentwicklung unserer Seele. Wie dies im einzelnen geschieht – ob mit Schmerz und Leid oder Freude und Bewußtheit –, spielt keine Rolle. Wir sind in der Lage, uns zu entscheiden, und zwar jeden Tag aufs neue.

Kommen wir noch einmal zu den Beispielen am Anfang dieses Kapitels zurück. Könnte es nicht Absicht sein, daß uns detaillierte Aussagen vorenthalten werden und wir – nicht nur beim Feng Shui, sondern auch auf den meisten anderen Gebieten – immer nur Ergebnisse oder Halbwahrheiten erfahren? Sicher ist, daß wir von der Aussage „Wenn du den Schreibtisch umstellst, dann ..." emotional berührt werden, ohne darüber nachzudenken, ob sie der „Wahrheit" entspricht. Sie appelliert an unsere Naivität, unseren Leichtglauben und vor allem an unsere Faulheit: „Hier müssen wir nicht viel tun, um endlich das Glück zu erfahren, auf das wir doch auch ein Anrecht haben." Tatsache ist jedoch, daß

dieser Angestellte vorher hart gearbeitet hatte und es lediglich eines Anstosses brauchte, um die blockierte Chi-
Energie zum Fließen zu bringen. Tatsache ist, daß dieses
verarmte Mädchen vorher viele Bewerbungen geschrieben
und Vorstellungsgespräche hinter sich gebracht oder endlich
die für ihre Person richtige Wahl getroffen hatte und nur den
Anstoß brauchte, um durch die symbolische Tat des Ölens
der Türklinke die Chi-Energie zum Fließen zu bringen.

Schließen wir dieses Kapitel nun mit dem Vorsatz ab, uns in
Zukunft intensiv zu informieren, bevor wir uns entscheiden
zu handeln, erst zu handeln, wenn wir darüber nachgedacht
haben, und darüber nachzudenken, wenn wir gehandelt
haben.

第 の 章

Kapitel 4:
Das Ba Gua

Das „Ba Gua" ist im Feng Shui ein sehr beliebtes und einfaches Hilfsmittel. Es symbolisiert die acht Lebensbereiche,
die über ein oktagonales Raster auf den Grundriß übertragen
werden.

Die Anordnung der Ba Gua-Bereiche entspricht der
postnatalen Himmelssequenz. Es besteht eine direkte Verbindung zwischen dem Trigramm und dem Lebensbereich,
was sich in der jeweiligen Energiequalität widerspiegelt.

Trigramm		Ba Gua-Bereich
	Wasser	Karriere
	Berg	Wissen
	Donner	Eltern
	Wind	Reichtum
	Feuer	Ruhm
	Erde	Ehe, Partnerschaft
	See	Kinder
	Himmel	hilfreiche Menschen

Das Trigramm „Himmel" ☰ besteht aus drei durch-
gezogenen Yang-Linien und symbolisiert die schöpferische
Kraft, aus der alles entstanden ist. Ganz anders das Tri-

gramm „**Erde**" ══ . Die drei unterbrochenen Yin-Linien verkörpern die empfangende Kraft, die sich der Energie des Himmels öffnet.

Das Trigramm „**Feuer**" ══ , bestehend aus einer Yin-Linie in der Mitte und zwei Yang-Linien außen, zeigt die Qualität des Feuers: sehr dynamisch außen, doch ohne einen inneren Halt kann es nicht brennen. Sein Gegenspieler, das Trigramm „**Wasser**" ══ , sieht genau umgekehrt aus. Eine Yang-Linie in der Mitte und außen zwei Yin-Linien – wie ein Fluß, der nach außen hin offen und beweglich ist, aber im Innern eine enorme Kraft besitzt.

Das Trigramm „**Berg**" ══ wird mit zwei Yin-Linien unten und einer Yang-Linie oben dargestellt: Der Berg, der tief in sich alles verbirgt und sich doch in der Höhe frei entfalten kann. Sein Gegenstück bildet das Trigramm „**See**" ══ . Zwei Yang-Linien unten und eine Yin-Linie oben – wie ein stiller See, der eine offene Oberfläche besitzt, in dessen Tiefe- jedoch sehr viel Kraft steckt.

Die Dynamik des Trigramms „**Wind**" ══ wird durch eine Yin-Linie unten und zwei Yang-Linien oben dargestellt – die mächtige, durchdringende Kraft des Windes, der aber auch sanft und weich über die Erde streichen kann. Sein Gegenpol, das Trigramm „**Donner**" ══ , bestehend aus einer Yang-Linie unten und zwei Yin-Linien oben, symbolisiert die gewaltige Kraft des Donners, die verhallt, ohne großen Schaden anzurichten. Offenbar bestehen zwischen den einzelnen Trigrammen Zusammenhänge. Ziel von Feng Shui ist es u.a., zwischen diesen Ba Gua-Bereichen ein Gleichgewicht herzustellen, um mehr Harmonie, Frieden und Gesundheit in unser Leben bringen zu können.

Verwendung findet das Ba Gua für alle horizontalen Flächen – sei es ein Grundstück, ein Haus, eine Wohnung, ein Raum oder der Schreibtisch. Selbst die Übertragung auf den Körper, das Gesicht oder die Handflächen verrät einem Gelehrten die Zusammenhänge im Leben eines Menschen.

Eines der weitestverbreiteten Ba Gua-Systeme ist das tibetanische **„Drei-Türen-Ba Gua"**.

Wie der Name schon andeutet, bildet die Tür hier den Ausgangspunkt – egal, ob es sich um die Gartentür, die Hauseingangstür oder die Zimmertür handelt. Deshalb sollten Sie sich vergegenwärtigen, welche Tür als Haupteingang benutzt wird, falls Ihr Haus oder ein Zimmer mehrere Eingänge besitzt. Die Eingangstür ist die Öffnung, durch die Energie in das Haus, die Wohnung oder das Zimmer gelangt. Sie wird deshalb als „Pforte des Chi" bezeichnet. So kann zum Beispiel der Hintereingang eines Hauses als Eingangstür gesehen werden, sofern die Bewohner oder deren Gäste diesen überwiegend benutzen.

Der Eingang in einen Raum oder auf ein Grundstück kann über drei mögliche Positionen erfolgen. Die Tür befindet sich entweder in der Mitte, links oder rechts in einer Wand oder Mauer. Daher auch die Bezeichnung „Drei-Türen-Ba Gua".

Wird das Ba Gua symbolisch auf einen Raum übertragen, so sind die acht Lebensbereiche wie folgt angeordnet:

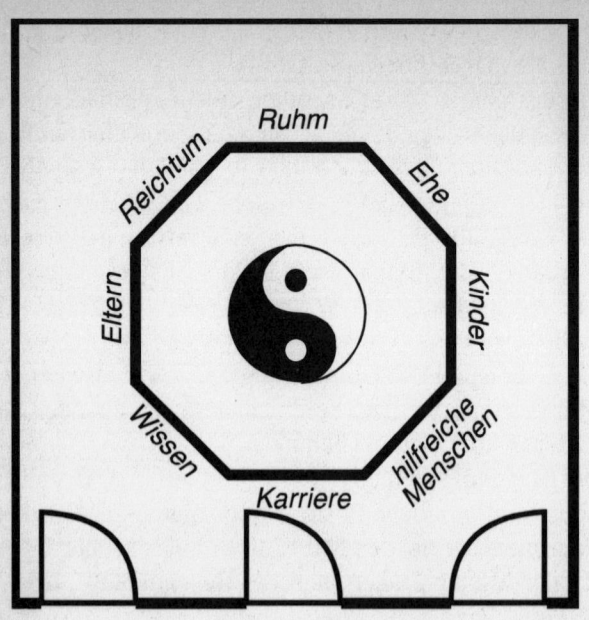

Bild 14: Das „Drei-Türen-Ba Gua"

Übertragung des Ba Gua auf einen Raum

Es ist wichtig zu wissen, daß sich die Lebensbereiche nicht nur auf die Ecken oder Längsseiten eines Raumes beschränken, sondern eine größere Fläche, einen ganzen Bereich ausfüllen.

Soll das Ba Gua räumlich auf den Grundriß übertragen werden, so muß dieser in Länge und Breite jeweils gedrittelt werden. Das heißt, Sie teilen die Länge und Breite des Raumes in drei gleiche Teile und ziehen, ähnlich einem Koordinatensystem, waagerechte und senkrechte Linien.

Damit erhalten Sie neun gleich große Flächen. Jedes der einzelnen Rechtecke oder Quadrate entspricht genau einem Neuntel des Gesamtgrundrisses.

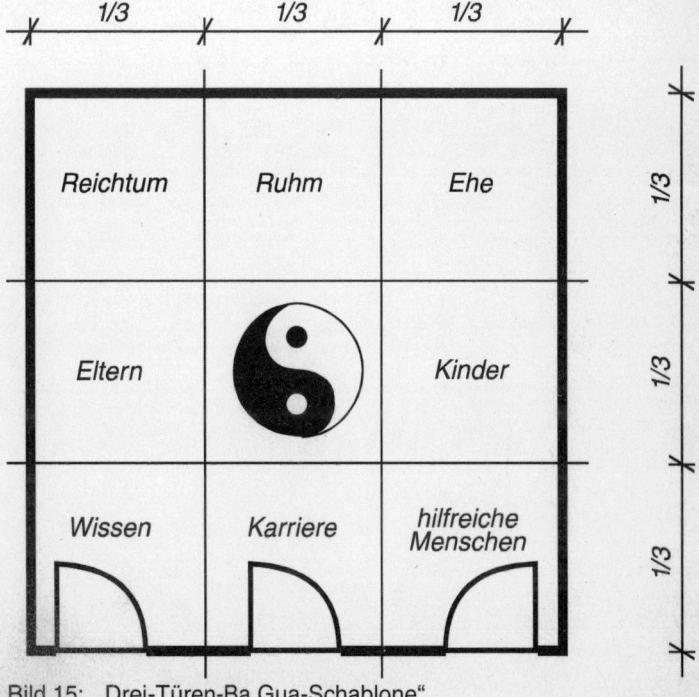

Bild 15: „Drei-Türen-Ba Gua-Schablone"

Die mittlere Fläche wird keinem der acht Lebensbereiche zugeordnet, denn sie symbolisiert das **„Tai Chi"** – das Zentrum, das alles und nichts enthält.

Wird nun das Ba Gua auf den aufgeteilten Raum übertragen, so erkennen wir, daß sich die Eingangstür entweder im Bereich Wissen, Karriere oder hilfreiche Menschen befindet.

Ein kleiner Tip, wie Sie die Ba Gua-Schablone ganz einfach anwenden können:

Halten Sie die Ba Gua-Schablone vor sich, und stellen Sie sich in die Tür des Zimmers, das Sie betrachten möchten. Übertragen Sie das Koordinatensystem gedanklich auf den Raum. Demzufolge befindet sich der Bereich „Reichtum" immer im linken oberen Bereich, der Bereich „Partnerschaft" immer im rechten oberen Bereich usw., und es spielt keine Rolle, ob Sie rechts, mittig oder links in das Zimmer eintreten.

Interpretation der acht Lebensbereiche

Jeder Bereich des Ba Gua schwingt energetisch gesehen mit seiner symbolischen Ladung, die sich wiederum im jeweiligen Trigramm manifestiert.

Karriere	Trigramm:	Wasser (K´an)
	Element:	Wasser
	Farbe:	schwarz, blau
☵	Jahreszeit:	Winter
	Tageszeit:	Nacht
	Organe:	Niere und Blase

Dieser Bereich spiegelt unseren Lebensweg, Auf und Ab – ähnlich einem natürlichen Bachlauf, der sich durch eine Landschaft schlängelt.

Die Karriere steht für das, was wir erreichen wollen – sei es im Privaten oder im Berufsleben.

Dieser Bereich trägt viel Kraft in sich, denn das Wasser steht auch für das Meer als Urenergie, aus der alles Leben erwächst.

Wissen	Trigramm:	Berg (Ken)
	Element:	Erde
	Farbe:	gelb, braun, beige
☶	Jahreszeit:	Vorfrühling
	Tageszeit:	früher Morgen
	Organe:	Milz und Magen

Dieser Bereich spiegelt unser inneres Wissen, unsere Weisheit, das Wissen um unser eigenes Ich wider. Ein Wissen, das wir uns selbst erarbeitet haben, eine starke passive Energie.

So wie der Berg über Jahrtausende Informationen aus seiner Umgebung aufnahm und in sich sammelte, so zeigt dieser Bereich unsere tiefliegende, empfängliche Natur. Innerhalb eines Hauses eignet sich dieser Bereich sehr gut für einen Meditationsplatz zum Insichgehen und Regenerieren.

Aber gemäß der Redewendung „wie ein Fels in der Brandung" symbolisiert dieser Bereich gleichzeitig Stabilität.

Eltern	Trigramm:	Donner (Chen)
	Element:	Holz
	Farbe:	hellgrün
☷	Jahreszeit:	Frühling
	Tageszeit:	Morgen
	Organe:	Leber und Gallen-blase

Dieser Bereich hat nicht nur mit unseren leiblichen Eltern zu tun, sondern auch mit dem, was uns geprägt hat oder immer noch prägt – zum Beispiel unsere Vorbilder, Lehrer, Mentoren sowie berufliche Vorgesetzte oder Personen in einer höheren Position.

Es handelt sich um eine offene und empfängliche Energie, die von der Vergangenheit beeinflußt wird.

Der Bereich steht für unseren Hintergrund, für das, was vor uns existierte.

Reichtum	Trigramm:	Wind (Sun)
	Element:	Holz
	Farbe:	dunkelgrün
	Jahreszeit:	Frühsommer
	Tageszeit:	Vormittag
	Organe:	Leber und Gallen-blase

Dieser Bereich spiegelt unseren Wohlstand und Reichtum, aber auch unser Glück und unseren Segen. Er beinhaltet die glücklichen Umstände, die einen im Leben voranbringen – die sogenannten „Zufälle".

Wie der Wind ist diese Energie sehr stark und nimmt großen Einfluß auf uns. Sie bringt unseren Energiefluß in Bewegung. Reichtum wird oft nur auf Materielles (Geld) beschränkt, doch was nützt uns all das Geld, wenn wir einsam und krank sind?

Ruhm	Trigramm:	Feuer (Li)
	Element:	Feuer
	Farbe:	rot, orange, violett
	Jahreszeit:	Sommer
	Tageszeit:	Mittag
	Organ:	Herz und Dünn-darm

Die Bezeichnung „Ruhm" wird häufig mißverstanden, denn dieser Bereich meint nicht nur unsere Wirkung nach außen – die Anerkennung und Wertschätzung, die wir durch unsere Umwelt erfahren –, sondern bezieht sich sehr stark auf das innere Licht oder die Erleuchtung.

Er hat wenig mit Berühmtheit und Selbstdarstellung zu tun, vielmehr mit Selbstachtung und Selbsterkenntnis. Diese Energie unterstützt unsere Leidenschaft, unsere Talente und unsere mentalen Fähigkeiten.

Außerdem steht er für unser Lebensziel, den Sinn unseres Lebens. Deshalb liegt der Bereich „Ruhm" dem Bereich „Karriere" gegenüber, denn jeder Weg hat sein Ziel.

Ehe	Trigramm:	Erde (K´un)
	Element:	Erde
	Farbe:	gelb, braun, beige
☷	**Jahreszeit:**	Spätsommer
	Tageszeit:	Nachmittag
	Organe:	Milz und Magen

Dieser Bereich beinhaltet unsere Beziehungen – sei es eine Partnerschaft oder Ehe, eine platonische Beziehung, eine engere Freundschaft, die berufliche Beziehung zu Kollegen oder Geschäftspartnern.

Es handelt sich um eine stark nährende und empfängliche Energie – nachgebend bis zur bedingungslosen Akzeptanz. Wie die Mutter Erde ist dieser Bereich mit den stärksten weiblichen Prinzipien aufgeladen – zutiefst empfänglich, aber auch gebefreudig.

Kinder	Trigramm:	See (Tui)
	Element:	Metall
	Farbe:	weiß, silber, grau
	Jahreszeit:	Herbst
	Tageszeit:	Spätnachmittag
	Organe:	Lunge und Dickdarm

Dieser Bereich bezieht sich, ähnlich wie bei „Eltern" nicht unbedingt auf unsere leiblichen Kinder – vielmehr wird durch ihn unsere Zukunft symbolisiert, alle unsere Ideen, die wir in die Tat umsetzen möchten. Im Beruflichen sollte dieser Bereich gerade bei Neuanfängen nicht unterschätzt werden, da in ihm die Quelle der Freude und des Lebens steckt.

Wie ein tiefer See zeigt uns diese Energie unsere eigene Tiefe – unsere Gefühle. Wenn wir uns ihrer Kraft bewußt werden, können wir sie voll ausschöpfen und unsere Kreativität für die Zukunft nutzbar machen.

Hilfreiche Menschen	Trigramm:	Himmel (Chien)
	Element:	Metall
	Farbe:	weiß, silber, grau
	Jahreszeit:	Spätherbst
	Tageszeit:	Abend
	Organe:	Lunge und Dickdarm

Dieser Bereich subsumiert Personen, die uns hilfreich zur Seite stehen, wie Nachbarn, Freunde oder Hilfsorganisationen sowie unsere Schutzengel. Alle Personen oder Gruppen, die mit ihren selbstlosen Taten und Diensten eine Segnung für unser Leben bedeuten. Aber auch ältere Menschen können eine große Hilfe sein, wenn sie ihre Erfahrungen an jüngere weitergeben.

Energetisch symbolisiert dieser Bereich das Trigramm Himmel, das männliche Prinzip, sprich Kraft, Autorität und Führung. Hilfreich zu sein heißt auch „Gutes tun", ohne Gegenleistungen zu erwarten.

Anwendung des Ba Gua

Wie das Ba Gua auf verschiedene Grundrißarten angewendet werden kann, möchten wir anhand verschiedener Beispiele erläutern.

Zunächst sollten Sie wissen und verstehen, daß im Feng Shui die Form harmonisch und vollständig zu sein hat, wie dies beim Rechteck oder Quadrat der Fall ist. Die für die Chinesen günstigste Form ist das Achteck: Es symbolisiert nicht nur die acht Trigramme. sondern verstärkt auch die acht Lebensbereiche.

Die heutige moderne Architektur neigt eher zu verwinkelten und verschachtelten Grundrissen, um so eine bestmögliche wirtschaftliche Ausnutzung der Fläche zu garantieren.

Dadurch erhalten die Wohnungen oder Räume etwas Unvollständiges und Unausgewogenes, was sich zwangsläufig auf die Lebenssituation der Bewohner oder dort Beschäftigten auswirkt.

Um bei disharmonischen Grundrissen, wie L- oder U-Formen, das Ba Gua anwenden zu können, werden diese daher zu Rechtecken oder Quadraten ergänzt. Die ergänzten Bereiche werden als „Fehlbereiche" bezeichnet.

Je nach Größe des Fehlbereichs kann ein Ba Gua (Lebensbereich) teilweise oder ganz fehlen. Möglicherweise sind sogar mehrere Lebensbereiche nicht abgedeckt.

Nachdem der Grundriß zeichnerisch ergänzt wurde, werden, wie schon gesagt, die Seiten der Fläche in drei gleiche Teile geteilt und die acht Lebensbereiche, entsprechend der Türanordnung, in die entstandenen Flächen übertragen.

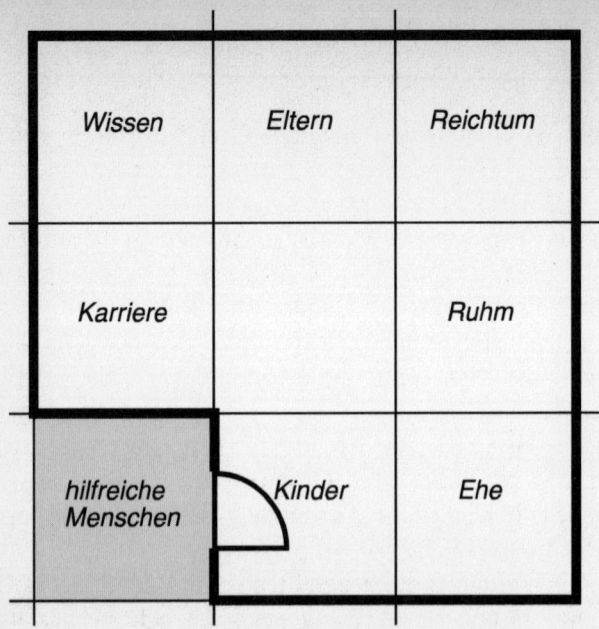

Bild 16: L-förmiger Grundriß

Jetzt haben Sie bereits einen ersten Überblick, wie sich die acht Lebensbereiche im Raum oder auf die Wohnung verteilen bzw. welche Bereiche teilweise oder ganz fehlen.

In Bild 16 ist dies der Bereich „Hilfreiche Menschen". Das heißt, die Bewohner sind auf sich alleine gestellt und erfahren kaum Unterstützung von außen.

Die folgenden Fotos stellen die
Skulpturen dar, die von unseren
Klienten gestaltet wurden.
Erläuterungen dazu finden Sie
in den Fallbeispielen ab Seite 93.

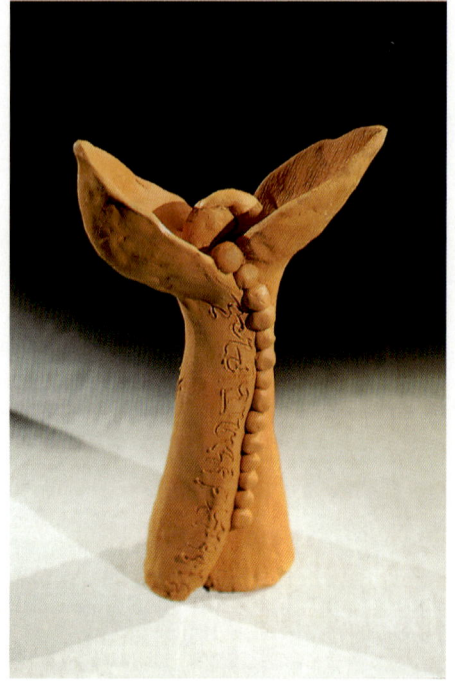

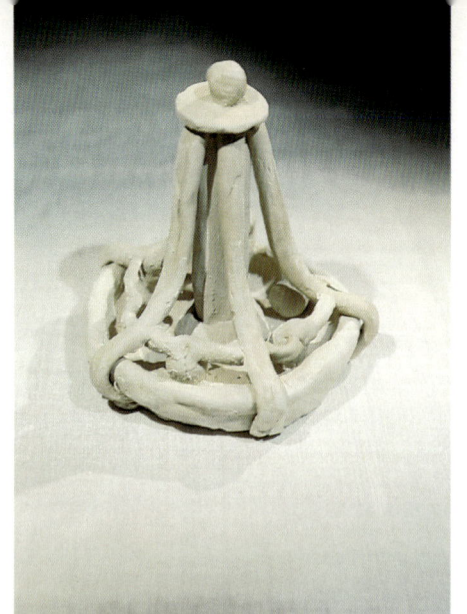

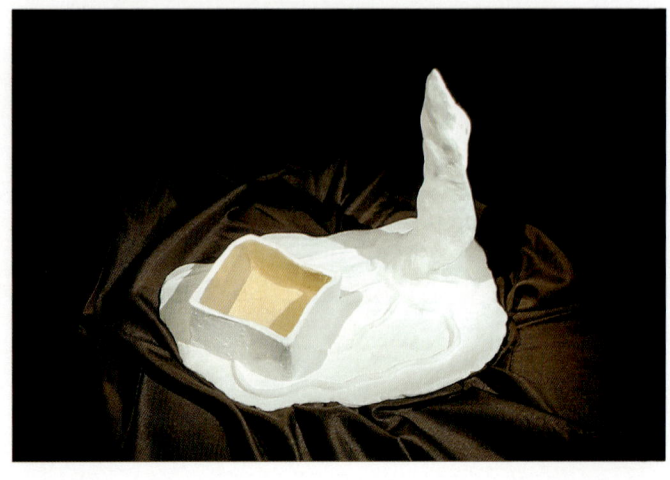

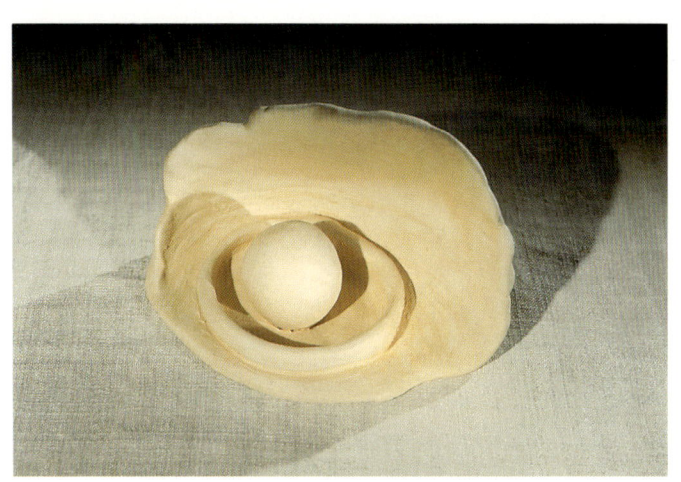

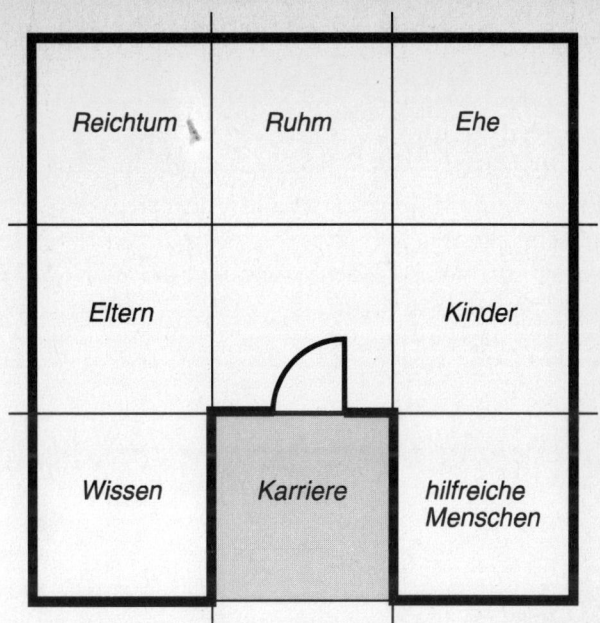

Bild 17: U-förmiger Grundriß

In Bild 17 fehlt der Bereich „Karriere". Diese Bewohner haben große Mühe, ihren Lebensweg zu finden. Gesteckte Ziele werden oftmals nicht erreicht.

Schräge Eingangsbereiche

Als etwas schwieriger könnte sich die Einteilung des Ba Gua auf Grundrisse mit Eingängen in schrägen Wänden erweisen. Doch auch hier sind die Anwendungsregeln im Grunde einfach.

Beträgt der Winkel der Wand, in der sich die Eingangstür befindet, weniger als 45 Grad, wird diese Wand einfach in die Gerade geklappt.

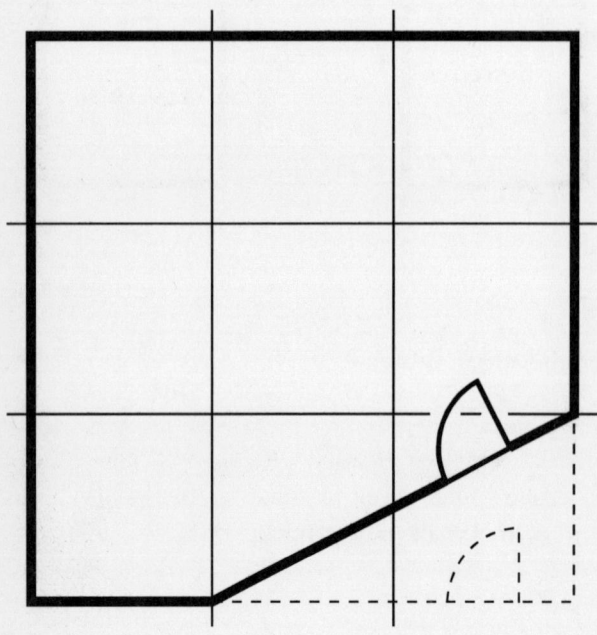

Bild 18: Eingangstür in Schräge mit Winkel < 45 Grad

Hat die Schräge jedoch genau einen Winkel von 45 Grad, so ist ausschlaggebend, aus welcher Richtung die Personen auf die Tür zugehen. Auch hier wird die Wand in die jeweilige Gerade geklappt.

Vergessen Sie aber nicht, daß durch schräge Wände trotzdem Fehlbereiche entstehen.

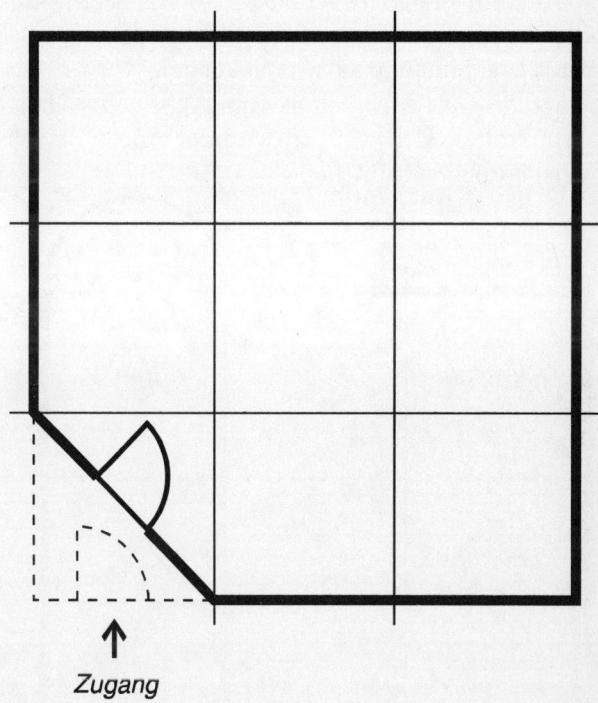

Bild 19: Eingangstür in Schräge mit Winkel = 45 Grad

Windfang und Erker

Nicht jeder L- oder T-förmige Grundriß birgt automatisch einen Fehlbereich. Entscheidend ist die Größe des Anbaus bzw. wo sich die Eingangstür befindet.

Oft wird durch Umbau oder Renovierung eines Hauses, den Anbau eines Windfangs, Erkers oder Wintergartens der Gesamtgrundriß drastisch verändert, so daß sich plötzlich Fehlbereiche ergeben, die sich nachteilig auf die familiäre oder berufliche Situation auswirken können.

Beträgt das Größenverhältnis vom Anbau zum Hauptgebäude ein Drittel oder weniger, wird der Anbau als Zusatz oder Verstärkung betrachtet.

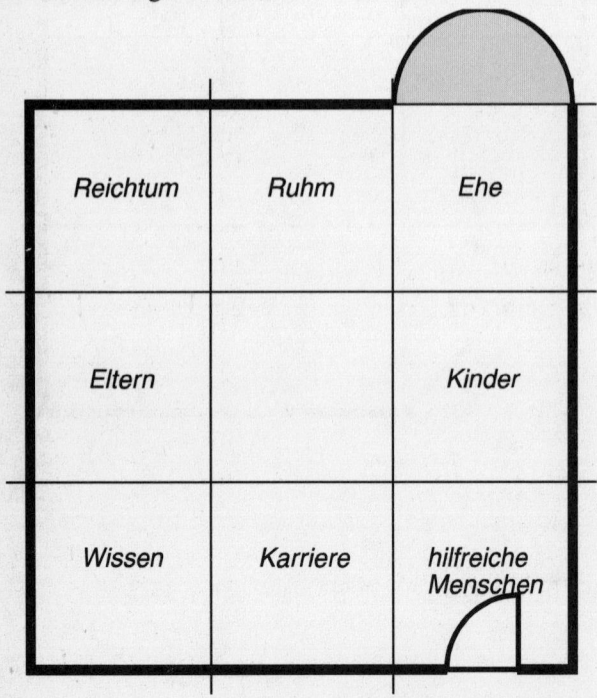

Bild 20: Grundriß und Zusatzbereich durch Erker

Befindet sich jedoch die Eingangstür in diesem Anbau (Beispiel Windfang), zählt dieser auf alle Fälle zum Hauptgebäude, egal, welches Größenverhältnis vorliegt.

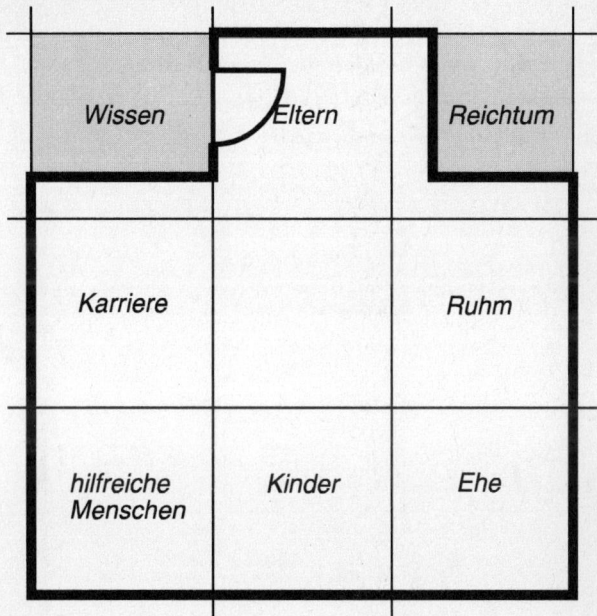

Bild 21: Grundriß mit Fehlbereichen durch Windfang

In Bild 20 ist der Bereich „Ehe/Partnerschaft" verstärkt, während in Bild 21 die Bereiche „Wissen" und „Reichtum" geschwächt sind.

Balkon und Terrasse

Oft findet man Grundrisse vor, bei denen ein sogenannter Fehlbereich mit einem Balkon oder einer Terrasse belegt ist. Wir dürfen nicht den Fehler machen, diese Bereiche zum Hauptgebäude dazuzuzählen, denn der Balkon oder die Terrasse liegt außerhalb der uns umgebenden vier Wände und damit außerhalb unseres „Körpers".

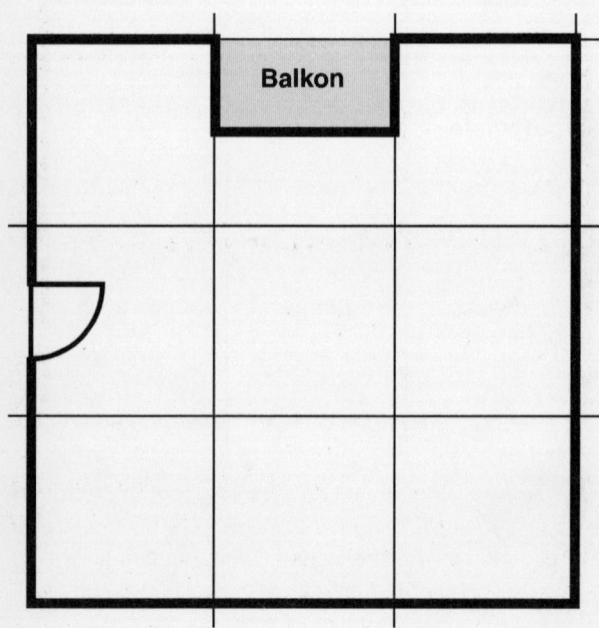

Bild 22: Fehlbereich durch Balkon

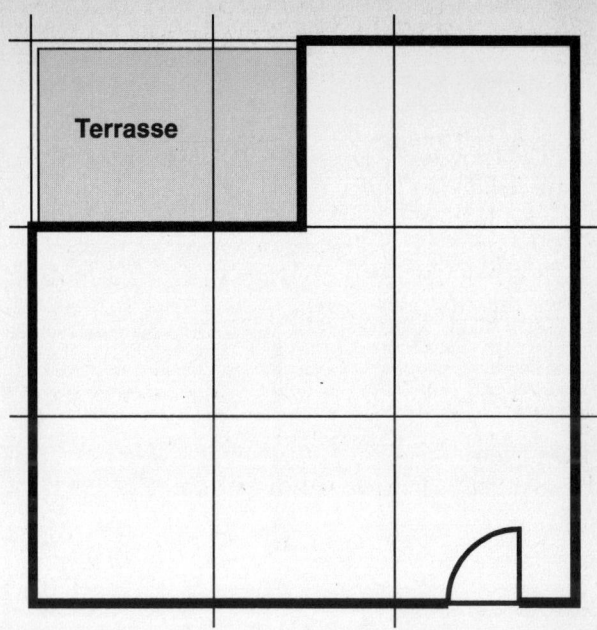

Bild 23: Fehlbereich durch Terrasse

Mittlerweile sollte es eine leichte Übung für Sie sein, den Fehlbereich von Bild 22 und Bild 23 über die Ba Gua-Bezeichnung zu definieren. Denken Sie daran: Ausgangspunkt sind die Eingangstür und die harmonische Fläche.

Bild 22 zeigt, daß hier der Bereich „Familie" gestört ist. In Bild 23 fehlt der Bereich „Reichtum" komplett, der Bereich „Ruhm" etwa zur Hälfte.

Zusammenspiel zwischen Wohnung und Zimmer

Nachdem Sie nun das Ba Gua auf die Einzelgrundrisse von Räumen übertragen können, erklärt der nächste Schritt, wie die einzelnen Räume mit dem Ba Gua der gesamten Wohnung in Verbindung stehen.

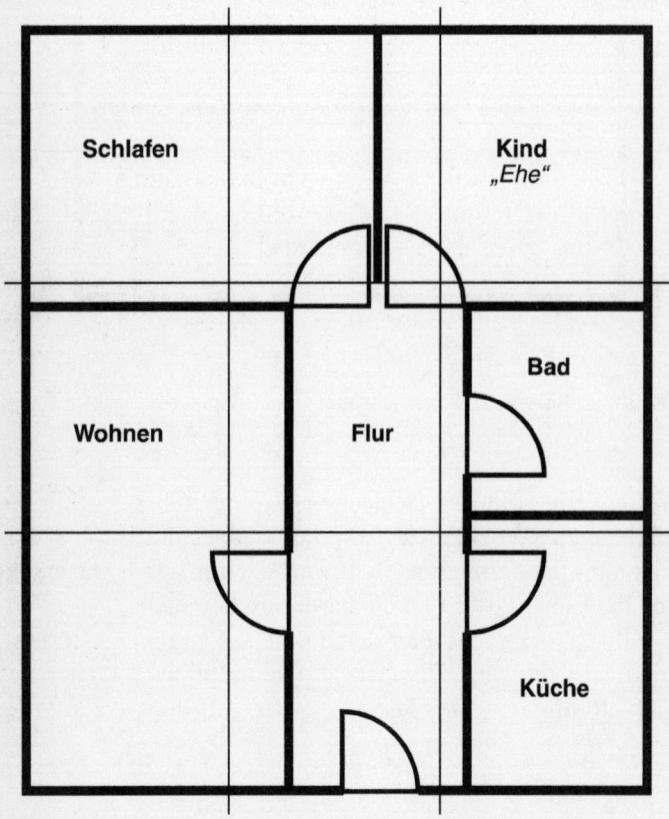

Bild 24: Zusammenspiel zwischen Wohnung und Zimmer

Bild 24 stellt eine Drei-Zimmer-Wohnung dar, in der die Zimmeraufteilung durch den Architekten festgelegt wurde.

Legen Sie nun die Ba Gua-Schablone über den Wohnungsgrundriß, und Sie erkennen, daß sich das Kinderzimmer im Bereich „Ehe/Partnerschaft" befindet. Rufen Sie sich das universale Gesetz ins Bewußtsein, daß alles mit allem in Verbindung steht – das Große spiegelt sich im Kleinen.

Das Problem in diesem Beispiel könnte sein, daß die Partnerschaft dominant durch das Kind geprägt ist oder gar über das Kind gelebt wird. Diese Problematik wird verstärkt, indem sich die Kinderzimmertür gegenüber der Eingangstür befindet.

Als Lösung würde sich anbieten, Schlafzimmer und Kinderzimmer zu vertauschen. Dies sollte jedoch nicht als Pauschallösung angesehen werden, denn außer dem Ba Gua sind im Feng Shui noch zahlreiche Aspekte zu berücksichtigen. Weitere Kriterien könnten zum Beispiel die förderliche Himmelsrichtung und andere Einflüsse der Kompaßschule sein.

Ausgleich und Aktivierung von Fehlbereichen

Anhand von einigen Beispielen möchten wir aufzeigen, wie einzelne Fehlbereiche ausgeglichen oder aktiviert werden können. Die aufgeführten Lösungsvorschläge bilden jedoch nur einen Bruchteil dessen, was insgesamt möglich ist.

Ein entscheidender Faktor ist Ihr Zugang zu den einzelnen Symbolen, die Sie verwenden, denn über den Symbolgehalt der Gegenstände wird dieser Bereich mitgeprägt. Deshalb können die vorgeschlagenen Lösungen immer nur Beispiele aufzeigen.

Eine wertvolle Hilfe bei der Suche nach geeigneten Lösungen bieten unsere Empfindungen. Würden wir uns diesen bedeutend stärker öffnen, als wir es normalerweise tun, so würden wir oft automatisch auf die richtigen Lösungen für uns selbst stoßen.

Lösungen innerhalb der Räume

Bild 25 zeigt die Möglichkeit, einen Fehlbereich mit einer Spiegelfläche auszugleichen. Spiegel haben die Eigenschaft, Tiefe und Weite zu erzeugen. Dieser Effekt wird beispielsweise genutzt, um kleine Räume größer wirken zu lassen. Im vorliegenden Beispiel würde die Spiegelfläche die Wand somit symbolisch nach hinten verschieben und dadurch den Fehlbereich auflösen. Bitte beachten Sie bei der Anwendung von Spiegeln, daß diese für Schlafzimmer ungeeignet sind, da sie für unruhigen Schlaf verantwortlich sein können.

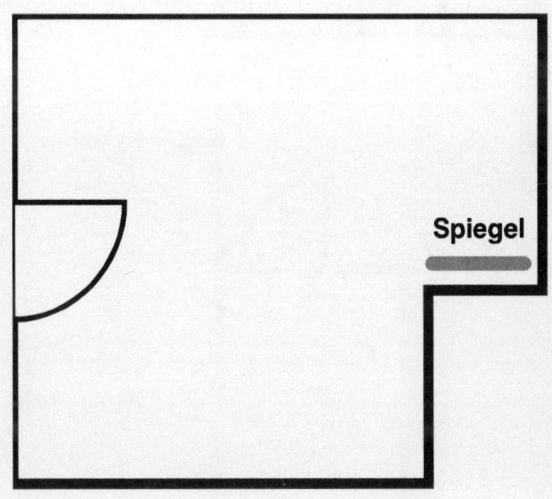

Bild 25: Ausgleich eines Fehlbereiches mittels eines Spiegels

In Bild 26 wird der Fehlbereich durch einen wichtigen Feng Shui-Grundsatz ausgeglichen, der besagt: Alles ist mit allem verbunden. So könnte zum Beispiel ein Fehlbereich durch Verstärkung dieses Ba Gua in zwei anderen Räumen ergänzt werden. Welche Symbole Sie dazu verwenden, ist individuell völlig verschieden. Anbieten würde sich beispielsweise eine Pflanze, die Wachstum symbolisiert, oder eine Spirale, deren Form eine starke Aktivierung erzeugt.

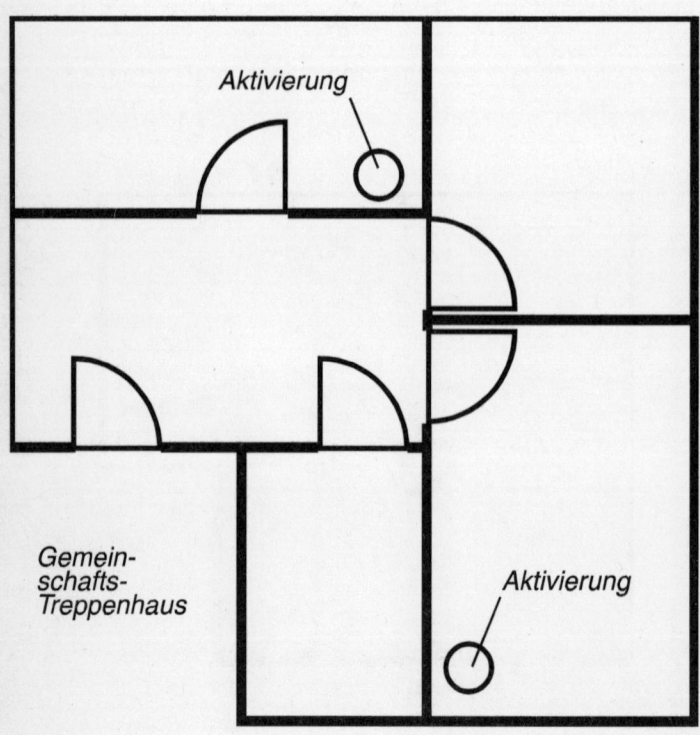

Bild 26: Ausgleich eines Fehlbereiches einer Wohnung durch Aktivierung in einzelnen Räumen

Lösungen außerhalb der Räume

Soweit es möglich ist, sollten außenliegende Fehlbereiche auch extern ausgeglichen werden. Dies läßt sich oft sehr einfach über eine gezielte Gartengestaltung erreichen. Bei Balkonen oder Terrassen ist ebenfalls der Einsatz von Hilfsmitteln sehr leicht möglich.

Bild 27: Terrasse als Fehlbereich

In Bild 27 stellt der Fehlbereich das Ba Gua „Ehe/Partnerschaft" dar. Die Terrasse könnte wie eine kleine, blühende Oase gestaltet werden, wobei hier die gemeinsame Gestaltung gewiß für die eine oder andere Überraschung sorgt. Über die Flora kommt Leben in diese Zone. Blühende Pflanzen sind besonders vorteilhaft, weil sie verschiedene Tiere und somit weiteres Leben und zusätzliche Aktivität anziehen. Um diesen Bereich auch im Winter mit Leben zu füllen, könnten Sie die Terrasse mit Koniferen begrünen. Damit diese nicht trostlos erscheinen, schmücken Sie sie mit bunten Beerensträuchern, Windrädern, Rosenkugeln oder Schleifen in fröhlichen Knallfarben. Außerdem könnte ein Vogelhäuschen aufgestellt werden.

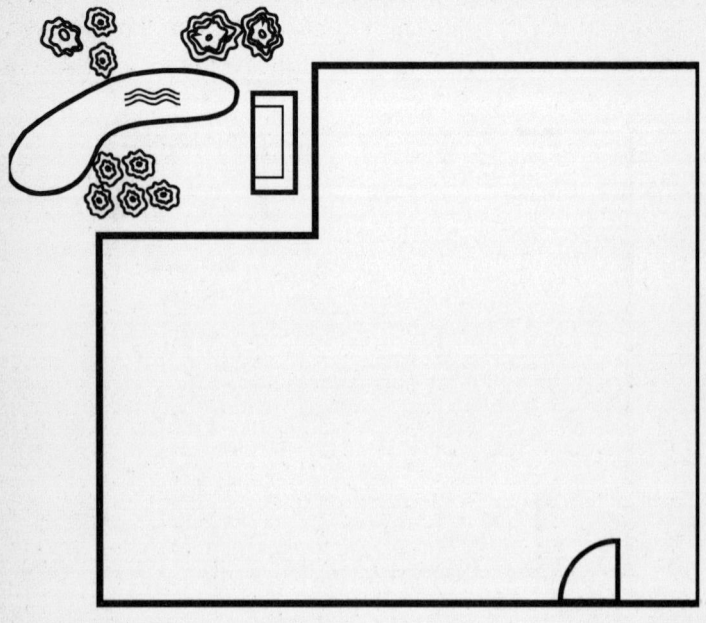

Bild 28: Ausgleich eines Fehlbereiches durch die Gartengestaltung

Bild 28 zeigt einen L-förmigen Hausgrundriß. Um das Haus herum befindet sich ein Garten. Entsprechend der Eingangstür in das Gebäude liegt das Ba Gua „Reichtum" als Fehlbereich vor. Es gilt, diesen Bereich über die Gartengestaltung auszugleichen oder zu aktivieren. Eine Möglichkeit wäre es, hier einen Gartenteich anzulegen.

Da das Ba Gua „Reichtum" dem Element Holz untergeordnet ist, würde es gemäß dem Fünf-Elemente-Zyklus von dem Element Wasser sehr profitieren. Um über die Form des Teiches noch eine zusätzliche Unterstützung zu erhalten, sollte dieser nierenförmig und dem Haus zugewandt angelegt werden. Bedenken Sie jedoch – falls Sie einen Gartenteich erwägen –, daß dieser einer gewissen Pflege bedarf, um nicht den geplanten Vorteil durch Verschmutzung in einen größeren Nachteil zu kehren.

第五章

Kapitel 5:
Das Zentrum

Das Zentrum symbolisiert die Mitte – das „Tai Chi", aus dem wir „schöpfen". Wann immer sich unser Körper oder Geist in der „Mitte" befindet, verfügen wir über ein Höchstmaß an Kraft und Stärke. Yin und Yang sind dann in Harmonie.

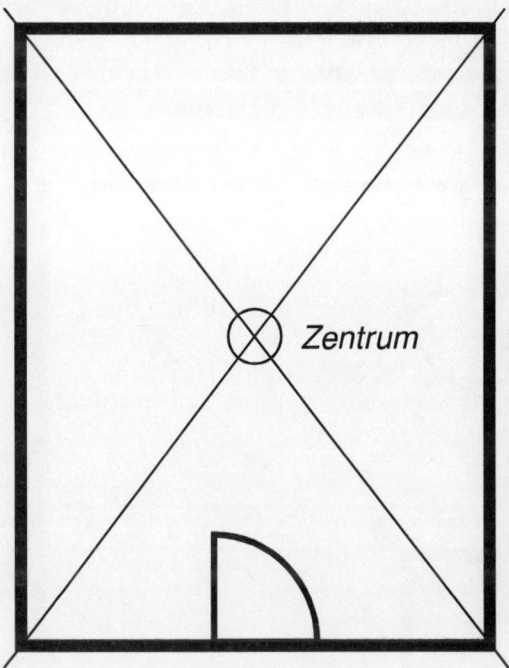

Bild 29: Zentrum bei harmonischen Räumen

So wie unser Körper eine Mitte besitzt, gibt es auch in jedem Haus, jeder Wohnung und jedem Raum ein Zentrum.

Wie wir im Ba Gua-Kapitel gesehen haben, entsteht durch die Neuner-Teilung der Fläche ein mittlerer Bereich, den wir als **„Tai Chi"** oder Zentrum bezeichneten. Auch ein Haus oder Raum schöpft seine Kraft aus seiner Mitte. Ist dieses Zentrum gestört, fehlt es oft an Stabilität und Sicherheit.

Zunächst möchten wir erklären, wie das absolute Zentrum, der Mittelpunkt, bestimmt wird. Wie Sie sicher noch aus Ihrer Schulzeit wissen, bildet der Mittelpunkt gleichzeitig den Schwerpunkt einer Fläche.

Bei harmonischen Grundrissen – beim Rechteck oder Quadrat beispielsweise – ist die Bestimmung der Mitte einfach. Zeichnen Sie die beiden Diagonalen ein – der Schnittpunkt der Linien markiert das Zentrum.

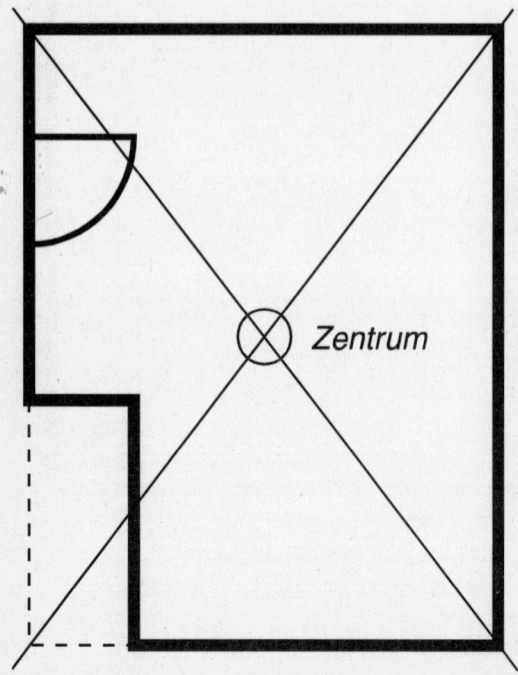

Bild 30: Zentrum bei L-förmigen Räumen

Genauso verfahren Sie bei L- oder U-förmigen Flächen, wobei diese vorher zur harmonischen Form ergänzt werden.

Bei unregelmäßigen Grundrissen wird es schwieriger, den genauen Mittelpunkt zu bestimmen. Hier bedienen wir uns einer einfachen Hilfe. Übertragen Sie den Grundriß von Ihrem Bauplan auf einen Karton. Nehmen Sie dann eine größere Nadel oder einen Nagel, und balancieren Sie die Fläche aus. Befindet sich die Fläche in der Waage, haben Sie den Schwerpunkt gefunden – das ist unser gesuchtes Zentrum.

Treppenaufgang im Zentrum

Gerade bei Mehrfamilienhäusern kommt es oft vor, daß das Zentrum des Gebäudes im Treppenhaus liegt, da die Wohnungen von hier aus sehr praktisch zugänglich sind. Leider entsteht dadurch ein eklatantes Problem für das gesamte Haus, also für alle Bewohnerparteien.

Treppenaufgänge symbolisieren ein ständiges Auf und Ab. Dies schlägt sich in allgemeiner Unruhe und Unsicherheit bei den Bewohnern nieder. Kinder reagieren auf solche subtilen Einflüsse sehr viel empfänglicher als Erwachsene. Sie agieren diese Unruhe aus, indem sie oft hyperaktiv sind, nach außen leicht erregbar oder gar aggressiv wirken.

Um zumindest in ihren eigenen vier Wänden für Ruhe und Sicherheit zu sorgen, ist es in diesem Fall erforderlich, das Zentrum der kompletten Wohnung (Bild 31 – Wohnung 1) oder zweier wichtiger Räume in der Wohnung (Bild 31 – Wohnung 2) zu aktivieren und damit zu stabilisieren.

Als Hilfsmittel eignen sich Kristallprismenkugeln (s. Seite 108), die durch ihre runde, geschlossene Form ein Sinnbild für Zentriertheit und Stabilität sind. Hängen Sie eine solche Kugel – Größe je nach Raum- oder Wohnungsgröße wählen – im Zentrum auf, um einen positiven Ausgleich zu erhalten.

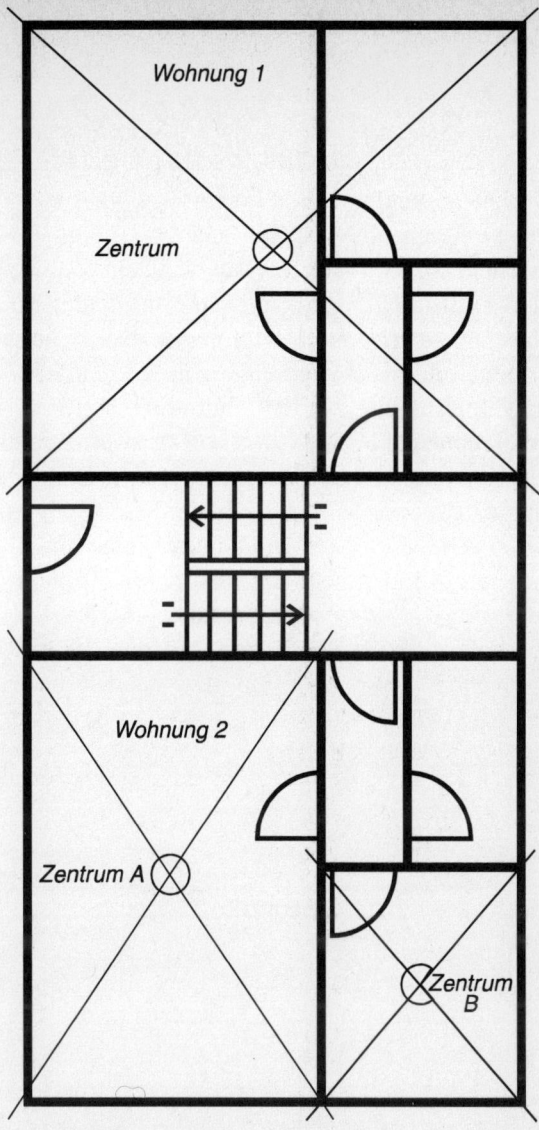

Bild 31: Ausgleich und Stabilisierung des Zentrums innerhalb einer Wohnung

Bad oder WC im Zentrum

Ebenfalls problematisch ist es, wenn sich das Zentrum der Wohnung oder des Hauses im Bad oder Toilettenzimmer befindet. Dann nämlich werden innere Energie, Tai Chi und Stabilität regelrecht weggespült.

Menschen, die in so einem Haus wohnen, fühlen sich oft müde und kraftlos. Sie sind sehr labil und leiden häufig an Magenbeschwerden. Diese Situation gilt als äußerst schlechtes Feng Shui und sollte unbedingt behoben werden.

Eine Abhilfemöglichkeit besteht darin – ähnlich wie vorher beim Treppenhaus – das Zentrum in zwei anderen Räumen der Wohnung zu aktivieren, um die Gesamtsituation dadurch zu stabilisieren. Denn, wie Sie bereits wissen, spiegelt sich das Große im Kleinen und das Kleine im Großen.

Die zweite Möglichkeit: das Bad ähnlich einem Garten mit Steinen und Pflanzen zu gestalten. Durch die Steine wird symbolisch Ruhe übertragen und durch die Pflanzen Kraft und Stärke. Wer dies umsetzt, handelt nach einem weiteren Feng Shui-Leitmotiv: „Aus einer Schwäche wird eine Stärke."

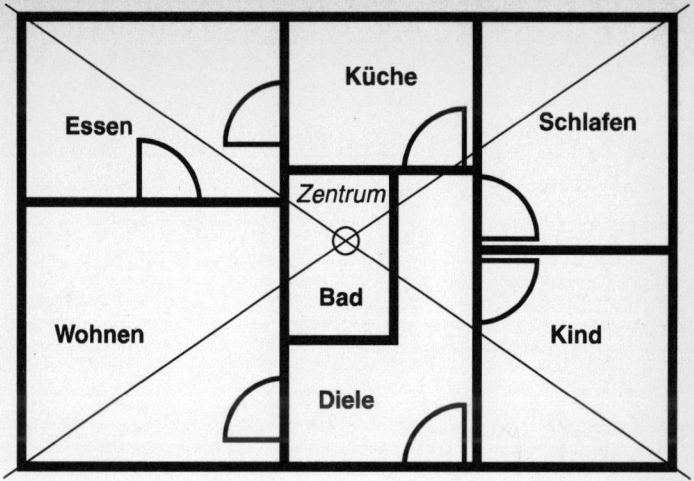

Bild 32: Das Bad befindet sich im Zentrum der Wohnung

第六章

Kapitel 6:
Fallbeispiele

Nachdem Sie Theorie und Hintergründe des Feng Shui kennengelernt haben, beschäftigen wir uns in diesem Kapitel ausschließlich mit der Praxis.

In der Regel wird sich eine klassische Feng Shui-Beratung darauf konzentrieren, Ihnen den Grundriß Ihres Hauses zu erklären, Fehlbereiche zu besprechen und Lösungsmöglichkeiten aufzuzeigen, wie sie im vorherigen Kapitel beschrieben wurden. Diese Methode beschränkt sich auf die Harmonisierung des Hauses und/oder Umfelds unter Einbeziehung der Energien und Personen, die in diesem Haus wirken bzw. leben oder arbeiten.

In China gilt es als völlig ausreichend, zum Beispiel den Chi-Fluß durch das Aufhängen einer Flöte in einem blockierten Bereich wieder zu aktivieren oder einen Erdwall aufzuschütten, wenn eine scharfe Ecke auf das Haus gerichtet ist, um das „Chutting-Chi" abzuwehren. Gewiß handelt es sich um eine auch bei uns in Deutschland am häufigsten praktizierte Möglichkeit, sich einen generellen Überblick zu verschaffen, die jedoch vor allem den festen Glauben voraussetzt, daß diese Maßnahmen ausreichend sind.

Wir möchten hier nicht die klassische Feng Shui-Methode kritisieren – das liegt nicht in unserem Ermessen. Wir möchten vielmehr aufzeigen, daß es für jene, denen dies nicht genügt, für die Skeptiker, die uns fast täglich anrufen und fragen: „Reicht es denn wirklich aus, wenn ich eine Kugel aufhänge oder eine Pflanze strategisch plaziere, damit sich etwas verändert?", trotzdem eine Möglichkeit gibt, ihr Leben und ihr Umfeld durch Feng Shui zu bereichern.

Um diese Möglichkeit für sich nutzen zu können, sind mehr Bewußtheit, ein höherer Anspruch und vor allem die Freude an einer ehrlichen, kreativen Arbeit mit sich selbst notwendig.

Sind Ihnen diese Eigenschaften vertraut, so werden Sie erstaunliche Erfahrungen mit „Feng Shui-Kreativ" sammeln und – dies ist jedoch von Ihrer eigenen Haltung abhängig – vor allem ein bißchen über sich selbst hinauswachsen.

Wir gehen jetzt davon aus, daß Sie das Gesetz von Ursache und Wirkung annehmen, aus dem sich ergibt, daß jede Begebenheit, mit der wir konfrontiert werden, einen wichtigen Aspekt in unserem Leben verkörpert.

Diese Denkweise bildet die Grundlage für die Zusammenarbeit mit unseren Klienten, was bei unseren nachfolgenden Beispielen berücksichtigt werden sollte.

Karriere – mein Lebensweg

Beispiel 1

Herr A., 32, jüngster von drei Kindern, fühlte sich seiner Familie nie zugehörig. Die Eltern sind beide im eigenen Unternehmen selbständig. Der große Bruder war stets eine Konkurrenz für ihn, „er hat immer alles besser gemacht", wodurch Herr A. jegliches Interesse an der elterlichen Firma verlor und sich selbst ein kleines Unternehmen aufbaute, das er vor kurzem verkaufte, jedoch die Führungsposition beibehielt. Er wollte damit mehr Freizeit für sein Privatleben zur Verfügung haben – ein Wunsch, der sich nur in beschränktem Maße verwirklichen ließ.

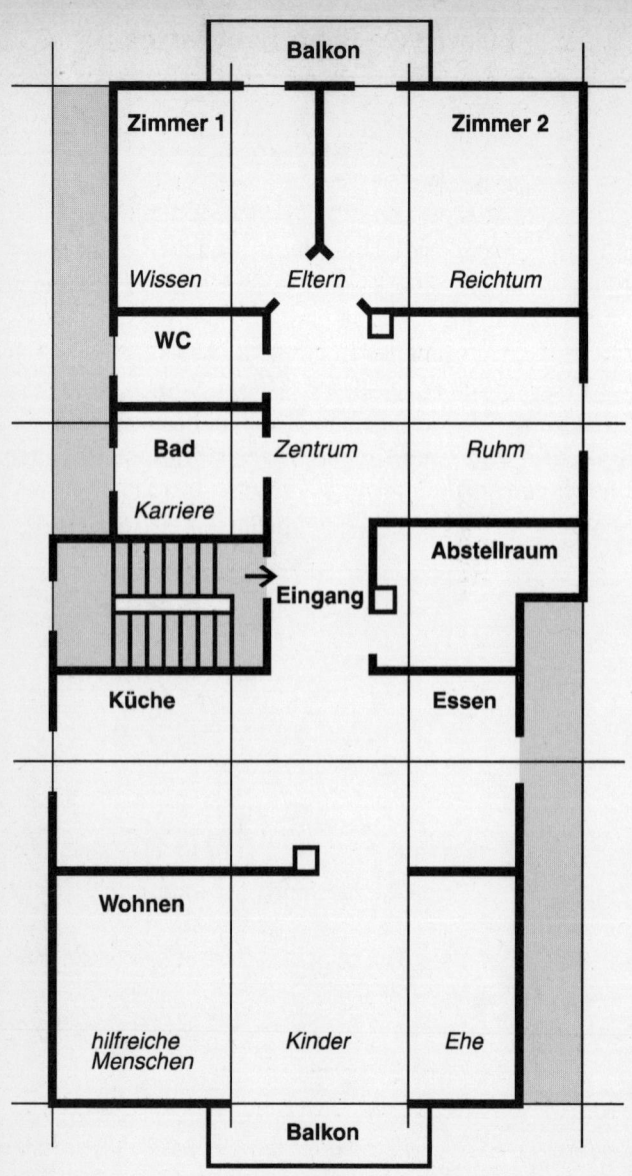

Plan 1: Wohnung von Herrn A.

Seine ständige Überlegung und sein großer Traum ist es unterdessen seit Jahren, alles zu verkaufen und nach Amerika auszuwandern. Doch sein übergroßes Bedürfnis nach Sicherheit und Stabilität hält ihn von der Verwirklichung seines Vorhabens ab – ein ständiges Hin und Her. Mit dieser Lebenssituation sehr unzufrieden, suchte er bei uns Rat.

Herr A. ist außerdem Besitzer eines Mehrparteienhauses, in dem er selbst eine Wohnung bewohnt, die er sich mit Herrn B. teilt. Zwar ist er der Hauseigentümer, doch der Treppenaufgang wird von allen Mietern genutzt. Daher gilt in diesem Fall die eigentliche Wohnungstür als Ausgangspunkt für das Ba Gua.

Die Wohnung des Herrn A. finden Sie im Plan 1 dargestellt. Legen wir das Ba Gua über den gesamten Wohnungsgrundriß, so können wir folgende Fehlbereiche erkennen:

- Wissen, ca. 30 Prozent
- Ruhm, ca. 20 Prozent
- Ehe/Partnerschaft, ca. 30 Prozent
- Karriere, ca. 50 Prozent

In diesem Beispiel beschränken wir uns auf den Bereich „Karriere", da dieser zum einen den größten Fehlbereich darstellt und sich zum anderen in diesem Abschnitt ein Teil des Bades und der Treppenaufgang befinden.

Sicher nehmen auch die anderen Fehlbereiche Einfluß auf die Gesamtsituation, doch sollte zunächst der wichtigste Bereich besprochen und bewußtgemacht werden.

Im ersten Gespräch erläuterten wir Herrn A. die Zusammenhänge zwischen seiner jetzigen Lebenssituation und dem Fehlbereich „Karriere": Der Treppenaufgang stellt eine unruhige Energie dar – bedingt durch das Auf und Ab von Bewohnern und Besuchern. Es handelt sich um einen öffentlichen Bereich, dem jegliche Privatsphäre fehlt, was durch kahle Wände und kalte Wandfarben noch verstärkt wird – ein Treppenhaus eben.

Das Bad, das ebenfalls einen großen Anteil dieses Bereichs ausmacht, symbolisiert die abfließende Energie.

Im Beispiel von Herrn A. ist die notwendige Energie, die er zur Findung seines Lebenswegs benötigt, gestört – sie steht ihm nicht zur Verfügung, ist für ihn nicht zugänglich, weil sie sich in der Öffentlichkeit verliert.

Ihm stellt sich daher die Aufgabe, die Energie seines Lebenswegs kontrolliert fließen zu lassen, der Öffentlichkeit verfügbar zu machen und mit dieser Situation zufrieden zu sein. Herr A. verkörpert jedoch einen nach außen hin phlegmatischen Menschentypus, der sehr auf Besitz und Stabilität bedacht ist, einen Perfektionisten, dem es primär um materielle Sicherheit geht.

Um sich diesen Bereich nun bewußter zu machen, rieten wir Herrn A., sein Treppenhaus in einer freundlichen Farbe zu streichen und den Bereich des Fensters nach seinen Vorstellungen zu schmücken. Das mindert die Distanziertheit, und der Karrierebereich wird mehr in sein Leben integriert.

Für das Bad schlugen wir vor, Pflanzen hineinzustellen, um ihm so einen Charakter von Wachstum und Lebensfreude, die auch symbolisch für den Lebensweg stehen, zu verleihen.

Da Herr A. intensiver in die Problematik einsteigen wollte, ließen wir ihn gestalterisch mit Ton und Farben arbeiten. Es entstand seine erste Skulptur mit dem Titel „Eine Pflanze", siehe Foto 1 im Mittelteil.

Vorweg ist zu bemerken, daß wir unseren Klienten vor jeder Arbeit kurze Anweisungen über das Material und dessen Handhabung geben.

Herr A. gestaltete seine Skulptur binnen einer halben Stunde mit höchster Ungeduld. „Ich habe keine Geduld, sonst wäre es schon besser geworden." Sein Gebilde war anfangs zu weich, stürzte immer wieder ein: „Es muß einen gewissen Härtegrad erreichen!" und „Das paßt zu mir, ich bin nicht sehr genau!"

Herr A. fühlte sich sichtlich unwohl und drückte immer wieder seine Unlust an der Arbeit mit diesem Material aus. Unterdessen erzählte er, er baue lieber Sandburgen – dabei hätte er sehr viel Geduld. Eine Burg stelle für ihn einen starken Schutz gegen Feinde dar, den er nötig habe, denn Durchsetzung und Aufnahmebereitschaft würden ihn viel Kraft kosten.

Nach Beendigung seiner Skulptur äußerte er sich sehr zurückhaltend: „Meine Karriere braucht eine Stütze; um Stabilität zu besitzen, muß ich sie abstützen. Die Windungen sind Linien ohne Richtung. Sieht nach Chaos aus und ist total unstabil, aber die Blüten und die Blätter sind gut. Die Energie wird zurückgehalten, sie kann nicht nach außen abgegeben werden."

Von seiner Skulptur konnten wir klare Schlüsse ziehen auf seine Wohn- und Lebenssituation. Das Auf und Ab und die fließenden Windungen entsprechen dem Auf und Ab des Treppenaufgangs und seinen inneren Entscheidungsschwierigkeiten; die Blätter und Blüten stehen für sein Bedürfnis nach Geborgenheit, Stabilität und Sicherheit.

Herr A. berichtete von familiären Konflikten, daß sein Vater nie Entscheidungen traf, sondern sein ganzes Leben in die Hände seiner Frau legte. Er selbst habe seiner Familie immer beweisen wollen, daß er auf eigenen Füßen stehen könne, aber jetzt sei ihm das egal. Er fand außerdem Verhaltensparallelen zwischen seinem Vater und sich selbst. Bei einem zweiten Gesprächstermin sollte sich Herr A. noch klarer werden über das Verhältnis zu seinem Vater.

Nach etwa vier Wochen – dazwischen lag eine Amerikareise, die wieder viele Bedürfnisse lebendig werden ließ – trafen wir uns mit Herrn A. zum zweiten Gespräch. Währenddessen hatte Herr B. das Fenster des Treppenaufgangs mit einem blauen Tuch, einer Glaskugel und einer Fischfigur dekoriert. Alles wirkte sehr vorsichtig, dezent und ein wenig unbeholfen. Hieran war Herr A. nicht beteiligt.

Bei unserem zweiten Treffen malte Herr A. mit Farbstiften ein Bild mit dem Titel „Mein Leben":

Bild 33: „Mein Leben"

Wie erwähnt, bezogen wir das Problem der Eltern in das Thema Lebensweg mit ein. Während des Malens erzählte er, daß er mit seinem Vater nichts anfangen kann und die Mutter alle Geschicke in der Hand hat. Trotzdem hatte sein Vater ihm immer ein Gefühl von Sicherheit gegeben.

Herr A. interpretierte sein Bild nach Fertigstellung wie folgt: „In der Mitte sitzt mein Zentrum, das ist meine ICH-Energie. Es ist positiv und strahlend, fröhlich und unbeschwert, helle Farben, die Sonne.

- Dieses Rot ist dunkler, lebhaft und die Hülle vom Ich.
- Violett ist ernst, standhaft – der Geist.
- Rosa wirkt ruhig und gemütlich.
- Das Rot ist warm und aggressiv und steht für meine Mutter, die Energie, den Einsatz. Hierzu gehört meine Arbeit.
- Grün repräsentiert die Träume und schützt die Energie. Ich lebe in meinen Träumen. Mein Traum sind eine Farm, ein Auto und viel Sport.

- Die schwarzen Punkte geben mir Sicherheit zum Strahlen, sie sind mein äußerer Zusammenhalt. Schwarz ist mein Ich, es steht für meinen Vater und meinen Zusammenhalt, meine Sicherheit. Hierzu gehört das Haus, mein Besitz."

Abschlußgespräch: Herr A. erlebt sich in dem Bild sehr abgegrenzt. Er erkennt, daß die Arbeit einen sehr wichtigen Teil seines Lebens verkörpert, er in ihr seine Energien auslebt, wodurch er Sicherheit und Stabilität, die eher einen unbewußten Platz einnehmen, erreicht. Was er nach außen bringt und worüber er seine Persönlichkeit definiert, sind seine Träume, zum Teil auch seine Illusionen, die er unter anderem durch seine Reiselust befriedigt. Die Entscheidungsängste seines Vaters wurden von ihm aufgegriffen. Er war der Meinung, keine Entscheidungen zu treffen sei sicherer, was dazu führte, daß er viele Entscheidungen von anderen fällen ließ oder so lange abwartete, bis sie sich von selbst erledigten. Das hatte den Nachteil, daß er seine Bedürfnisse nie richtig erkannte und daher auch nicht befriedigen konnte. Herr A. ist sich nun bewußt geworden, daß er mehr Vertrauen in sich selbst und in die Richtigkeit seiner Entscheidungen entwickeln muß. „Nobody is perfect!"

Für das Treppenhaus nimmt sich Herr A. vor, eine Aktion aller Mieter zu organisieren, um gemeinsam die Wände zu streichen. Dekoriert wird der Aufgang von Herrn A. selbst oder gemeinsam mit Herrn B. – schließlich handelt es sich vorwiegend um die Problematik des Herrn A. –, und das Bad wurde bereits mit Pflanzen begrünt.

Herr B., 30, ist der jüngste von sieben Kindern. Seine Eltern besitzen ein eigenes Unternehmen. Herr B. verließ das Elternhaus nach seiner Lehre und einer längeren Phase der Arbeitslosigkeit. Nach dreieinhalb Jahren fand er es vernünftiger, nach Hause zurückzukehren – eine Partnerschaft war zu Ende, in der gemeinsamen Wohnung konnte er nicht mehr bleiben, und zudem wurde ihm der Job gekündigt. Da keines seiner Geschwister die elterliche Firma weiterführen wollte, entschloß sich Herr B., den entsprechenden Beruf zu erlernen und zu Hause mitzuarbeiten.

Als er uns um Rat fragte, hatte er gerade einen Kurs absolviert, um die Meisterprüfung ablegen zu können, doch er erhielt keine weitere Nachricht – irgend etwas schien blockiert zu sein.

Herr B. teilt sich die Wohnung mit Herrn A., weshalb hier der gleiche Grundriß wie in Beispiel 1 als Grundlage dient. Auch hier nahmen wir den größten Fehlbereich, die Karriere, zum Ausgangspunkt.

Seine erste Skulptur, siehe Foto 2 im Mittelteil, stellt zwei Hände dar, die eine halbgeöffnete Blüte halten. Bei der Ausarbeitung modellierte er zwei linke Hände. Wir assoziierten: Rechts bedeutet Aktivität, Männlichkeit, selbst handeln; links bedeutet Ruhe, Weiblichkeit, geschehen lassen.

Er korrigierte die Skulptur, und bei Fertigstellung interpretierte er seine Arbeit so: „Die Hände bedeuten Kraft. Sie sind stabil, bieten der Blüte Schutz. Die Blüte symbolisiert den Geist, sie ist noch nicht ganz offen. Das Blatt steht für das lebenspendende Element, die Assimilation."

Herr B. hatte das Gefühl, zuviel Rücksichtnahme gegenüber seinem Vater zu üben. Es handelte sich um eine Vater-Sohn-Konfrontation, bei der die Aktivität, die Handlung dem Vater gegenüber zurückgehalten wird (zwei linke Hände). Herrn B. drängte es, seinen Vater zu fragen, wann er die

Firma endlich übergeben wolle, jedoch war er selbst der Meinung, sich zunächst stärken – die Meisterprüfung bestehen und einen Firmenplan ausarbeiten – zu müssen und erst danach kompetent genug für diesen Schritt zu sein bzw. ein Recht darauf zu besitzen. Bei genauerer Betrachtung der Skulptur wurde Herrn B. jedoch klar, daß er zu sich selbst stehen sollte und seinem Vater nicht als Geschäftspartner gegenübertreten kann, sondern als Sohn begegnen muß, da sein Vater diese Trennung für sich nicht wahrnimmt.

Beim zweiten Treffen modelliert Herr B. die Skulptur „Perlen der Weisheit", siehe Foto 3 im Mittelteil, – eine kelchartige Form, die das Yin-Yang-Zeichen integriert. Es sind zwei Blütenblätter vorhanden, die Schriftzeichen enthalten das tibetische „Om" (ähnelt unserem „Amen"). Die 36 Perlen sind die Perlen der Weisheit.

Die Skulptur symbolisiert für Herrn B. den Weg nach oben, das grenzenlose Wissen, das Allwissen, das er durch Bücher, den Kontakt mit Menschen und geistige Führung erlangen möchte. Mit dem Yin-Yang-Zeichen und den zwei Blütenblättern drückt Herr B. die Dualität, die männlichen und weiblichen Anteile in seinem Selbst, aus.

Beim Vergleich der Skulpturen fällt auf, daß eine gewisse Ähnlichkeit zwischen beiden besteht, Herr B. sich aber bei der zweiten wirklich mit sich selbst auseinandersetzt. Die Aufgabe der ersten Skulptur – zu sich selbst zu stehen – floß hier mit ein.

Da jedoch die Frage des Vaters und der Firmenübergabe noch offen war, entschlossen wir uns zu einer dritten Sitzung, um dieses Thema noch einmal aufzugreifen.

Wir trafen uns erst vier Wochen später wieder. Seine Eltern waren längere Zeit in Urlaub, so daß Herr B. sich Zeit nehmen konnte, um einige Fragen für sich zu klären. Er arbeitet jetzt mit seinem Vater allein im Betrieb.

Die dritte Figur, siehe Foto 4 im Mittelteil, besitzt wiederum Ähnlichkeit mit den beiden anderen. Allerdings hat sich die Stabilität wesentlich verbessert. Herr B. ordnet die dickere Seite der Skulptur seinem Vater, der mehr Lebenserfahrung besitzt, und die dünne Seite sich selbst zu. Die Stelle, an der beide Teile zusammentreffen, gibt die Situation wieder, in der er sich jetzt mit seinem Vater befindet: Wir müssen zusammenhalten und miteinander arbeiten. Der Kelch ist nach oben hin offen – etwas Neues kündigt sich an.

Die halbe Verzierung der Vaterseite spiegelt die Festgefahrenheit des Vaters, sein Verharren in Konventionen, seine Unfreiheit. Die Verzierung der anderen Seite repräsentiert sein eigenes Ich, das in Gedanken und Gefühlen frei ist. Jedoch stehen beide auf demselben Grund.

Herr B. erzählte, daß durch die alleinige Arbeit mit seinem Vater – vorher arbeiteten noch seine Schwester und eine Angestellte mit im Betrieb – eine gewisse Abhängigkeit entstanden ist, die den Vater zwingt, stärker auf ihn einzugehen. Diese hat die Lage entschärft. Er selbst akzeptiert Autorität und Wissen seines Vaters und will mit ihm zusammenarbeiten. Er möchte abwarten, den Dingen ihren Lauf lassen, durchhalten und die Situation akzeptieren, wie sie ist.

Die Skulptur ist für Herrn B. der Ausdruck von Beweglichkeit und enger Beziehung, von Hingabe und Hoffnung auf Änderung und von Stabilität als tragfähiger Grundlage.

Wissen und Ruhm – die richtige Selbsteinschätzung und die Anerkennung durch andere

Beispiel

Frau C., Anfang 50, ist geschieden, das Verhältnis zu ihrem erwachsenen Sohn gestaltet sich schwierig. Nach einer zehnjährigen Beziehung zu einem jüngeren Mann lebt sie nun seit eineinhalb Jahren allein in einer schönen Drei-Zimmer-Wohnung. Sie ist selbständig tätig. Seitdem ein Bandscheibenvorfall 1989 operativ behandelt wurde, geht es ihr sehr schlecht. Es haben sich Narben und Zysten an der unteren Wirbelsäule gebildet, so daß sie seit der Operation nicht einen Tag schmerzfrei war.

Frau C. ist eine wissensdurstige, liebenswürdige Person, die ihr Wissen viele Jahre uneigennützig weitergab. Als sie schließlich daraus einen Beruf machte, blieb der erwartete Erfolg aus. Trotz aller Bemühungen fühlt sie sich immer wieder ausgenutzt.

Ihre Rückenschmerzen und die Beziehungsproblematik waren der ausschlaggebende Grund, sich mit uns in Verbindung zu setzen.

Die Wohnung von Frau C. befindet sich im ersten Stock eines Eckhauses und ist in Plan 2 skizziert.

Auf den ersten Blick erscheint die Wohnung harmonisch, wobei das Arbeitszimmer im Ba Gua-Bereich „Reichtum" leicht verstärkt ist.

Zunächst müssen wir bedenken, daß das Treppenhaus auch in diesem Fall einen öffentlichen Bereich darstellt, wodurch die Bereiche „Wissen" und „Karriere" als Fehlbereiche entstehen.

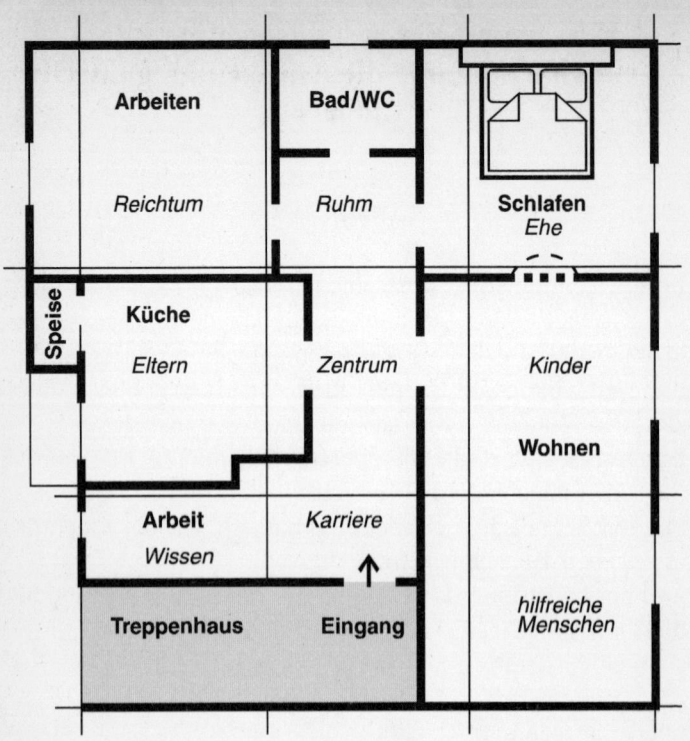

Plan 2: Wohnung von Frau C.

Einen weiteren wichtigen Faktor stellt die Position des Badezimmers dar, das genau gegenüber der Wohnungstür liegt. Diese ungünstige Lage wird durch die direkte Verbindungslinie zwischen Wohnungstür und Badezimmerfenster in Gestalt eines langen Flurs zusätzlich verstärkt.

Außerdem befindet sich im Schlafzimmer vis-à-vis vom Bett ein offener Durchgang zum Wohnzimmer, was dazu führt, daß Sicherheit und Ruhe für den Schlaf fehlen.

In diesem Beispiel liegt unser Schwerpunkt jedoch auf den Bereichen „Wissen" und „Ruhm".

106

Bei der Wohnungsbegehung erläuterten wir Frau C. die Zusammenhänge zwischen Wohnungsgrundriß und Lebenssituation. Der Wohnungsgrundriß läßt sich auf den menschlichen Körper übertragen. Im vorliegenden Fall stellt der Flur – mitsamt der Problematik, daß die über die Wohnungstür einströmende Energie zu schnell und ungenutzt über das Badefenster entweicht – symbolisch die Wirbelsäule dar. Es scheint, als ob sich diese Situation über den Körper von Frau C. ausdrückt, denn im Gespräch fanden wir heraus, daß ihr Denken auf der einen Seite sehr feste Strukturen besitzt, sie aber auf der anderen Seite sehr ruhelos, quirlig und unternehmungslustig ist. Diese Diskrepanz bedingt, daß Körper und Geist keine Harmonie eingehen, sondern zwischen beiden eine Spannung besteht.

Frau C. wirkt auf den ersten Blick sehr flexibel. Sie hat sich im Laufe der Jahre sehr viel Wissen angeeignet, doch wegen ihrer festen Denkstrukturen fällt es ihr schwer, dieses erworbene Wissen auf Dauer in die Tat umzusetzen. Erfahrungswerte werden zu langsam in ihr Denksystem aufgenommen. Sie ist aufnahmefähig und lernt schnell, doch erfordert es viel Zeit, bis alte durch neue Muster ausgetauscht werden – hier fehlen ihr Ausdauer und Beharrlichkeit. Diese Eigenschaften spiegeln sich im Wohnungsgrundriß wider, was durch den Fehlbereich „Wissen" deutlich wird.

Außerdem wird der Bereich „Ruhm" durch das Bad stark beeinträchtigt, denn wie Sie bereits wissen, ist das Badezimmer durch abfließende Energie gekennzeichnet. Der Bereich „Ruhm" steht für das Erscheinungsbild nach außen, für Selbstachtung und Selbsterkenntnis. Das Fehlen von Anerkennung und Schwierigkeiten, sich selbst zu organisieren, kommen hier zum Ausdruck.

Wir schlugen vor, den Bereich „Wissen" innerhalb des Wohn- und Arbeitsraumes mit Hilfe von Symbolen zu aktivieren sowie den teilweise vorhandenen Bereich „Wissen" für die gesamte Wohnung harmonisch zu gestalten.

Die Energielinie von der Wohnungstür zum Bad sollte mit geeigneten Hilfsmitteln, zum Beispiel mit einer Prismenkugel oder einem Windspiel, gebrochen und die Badezimmertür symbolisch versiegelt werden, etwa mit einem Türkranz. Frau C. hatte dazu ihre eigene Idee: ein Schild mit einem Sinnspruch. Das Badezimmer selbst sollte mit Pflanzen symbolisch aufgewertet werden.

Um eine Atmosphäre der Ruhe und Geborgenheit im Schlafzimmer zu erreichen, wurde der Durchgang zum Wohnzimmer zugemauert und der Raum neu gestaltet.

Beim Bilden ihrer ersten Skulptur, die sie bis zur endgültigen Form dreimal veränderte, erzählte Frau C. über ihre Krankheit und ihre Empfindungen: „Ich trage viel innere Unruhe in mir, und seitdem ich wieder allein bin, habe ich wieder massive Existenzängste. Ich wünsche mir Stabilität; ich will wieder stabil sein, denn das bedeutet inneren Frieden. Ich muß meinen eigenen Selbstwert wieder herstellen."

Erste Form: „Ich muß auf einem festen Sockel stehen – sie ist etwas Ganzes. Ich muß anerkennen, daß ich ganz bin, muß mich verankern, damit die Zweifel aufhören. Ich kann mit der Öffnung nichts anfangen!" Frau C. schließt die Form.

Zweite Form: „Sie sieht aus wie eine Münze. Sie ist jetzt stabiler, sie ist mir zu fest, zu dicht und verhärtet."

Dritte Form: Die erste Form ist Frau C. zu instabil, die zweite zu dicht. „Ich brauche eine Öffnung. Die Stabilität ist jetzt da, doch meine Kraft ist in der Wirbelsäule blockiert – durch Zorn, Wut, Trauer und Enttäuschung."

Vierte Form, siehe Foto 5 im Mittelteil: Während des Modelliervorgangs stellten wir fest, daß ihr der Sockel sehr wichtig ist. Frau C. möchte die richtige Balance finden. Anhand der Skulptur spürt sie Blockaden im Hals- und Wirbelsäulenbereich. Die Endskulptur stellt die eigene Person dar, sie wurde sehr flach modelliert. Die Arme und Beine sind nur angedeutet. Es fehlt der Raum nach außen, und es wurde kein Gesicht ausgearbeitet. Frau C. registriert, daß sie weder selbständig gehen noch handeln kann. „Ich muß an meinem Rückgrat arbeiten." Bei einem Telefonat ein paar Tage später war Frau C. krank: Grippe, 40 Grad Fieber, Gliederschmerzen, keine Stimme. In den Wochen darauf verschlimmerten sich ihre Rückenbeschwerden derartig, daß sie mehrere Behandlungen benötigte.

Wir trafen uns, als es Frau C. wieder besser ging. Ihre zweite Skulptur „Fortuna", siehe Foto 6 im Mittelteil, verblüffte uns beide sehr. Spontan hatte Frau C. das Bild eines Springbrunnens realisiert, doch dann entwickelte sich daraus ein Meditationskreis. Auch diese Form veränderte sie zweimal, bis sie zufrieden war. „Die Kugeln sind Menschen, Ganzheiten; die Bänder bedeuten den Kontakt nach oben oder daß etwas von oben auf uns niederfließt. Es sind Energiebänder. Die Kugel ganz oben steht für die Quelle, das höchste Selbst, dem alles entspringt. Die Skulptur ist rund, ohne Spannung, aber die Energie findet keinen Gebrauch, bleibt völlig ungenutzt."

Frau C. modellierte zunächst Verbindungsbänder über die Energiebänder an, doch das war ihr zu unharmonisch, außerdem stellte sie fest, daß die Menschen dadurch immer noch nicht versorgt waren. Deshalb verband sie die Kugeln und die Bänder miteinander – jetzt erst war sie zufrieden.

In ihrer Wohnung hatte sie seit unserem ersten Kommen bereits einiges verändert, fühlte sich nun ruhiger und ausgeglichener. Die schwierige Situation mit ihrem Sohn wurde ihr immer klarer bewußt, und sie fühlte sich jetzt stark genug, diesen Konflikt anzupacken.

Trotz der Veränderungen stellen wir fest, daß es noch viel zu tun gibt. Doch der Anfang war geschafft!

Zum Abschied meinte sie, ein Satz in unserem letzten Gespräch sei ihr besonders in Erinnerung geblieben: „Du mußt Stellung beziehen!"

Ehe/Partnerschaft – meine Beziehungen

Beispiel 1

Frau D. ist 31 Jahre alt, ledig und alleinerziehende Mutter. Ihr Sohn ist zur Zeit der Beratung fünf Jahre alt. Sie arbeitet dreivierteltägig, der Sohn besucht einen Kindergarten.

Beim Anmieten der Wohnung war ihr Sohn E. zweieinhalb Jahre alt. Um einen intensiven Kontakt zu ihm zu fördern, erhielt er Zimmer A, da die Küche den Hauptaufenthaltsort der Wohnung darstellt und Frau D. so einen Überblick für sich gewährleistet sah. E. besitzt ein feuriges Temperament und beherrschte das Leben von Frau D. so sehr, daß sich der Gedanke aufdrängte, ihr Sohn nähme den Platz des Partners ein. Dies wurde Frau D. auch von mehreren Seiten ihres Bekanntenkreises wiederholt nahegebracht.

Als Frau D. diese Situation ändern wollte, holte sie unseren Rat ein.

Nachdem wir die harmonische Form und das Ba Gua über den Grundriß gelegt hatten, wurde offensichtlich, daß das Zimmer von Sohn E. im Bereich „Ehe und Partnerschaft" liegt und dieser Bereich verstärkt ist.

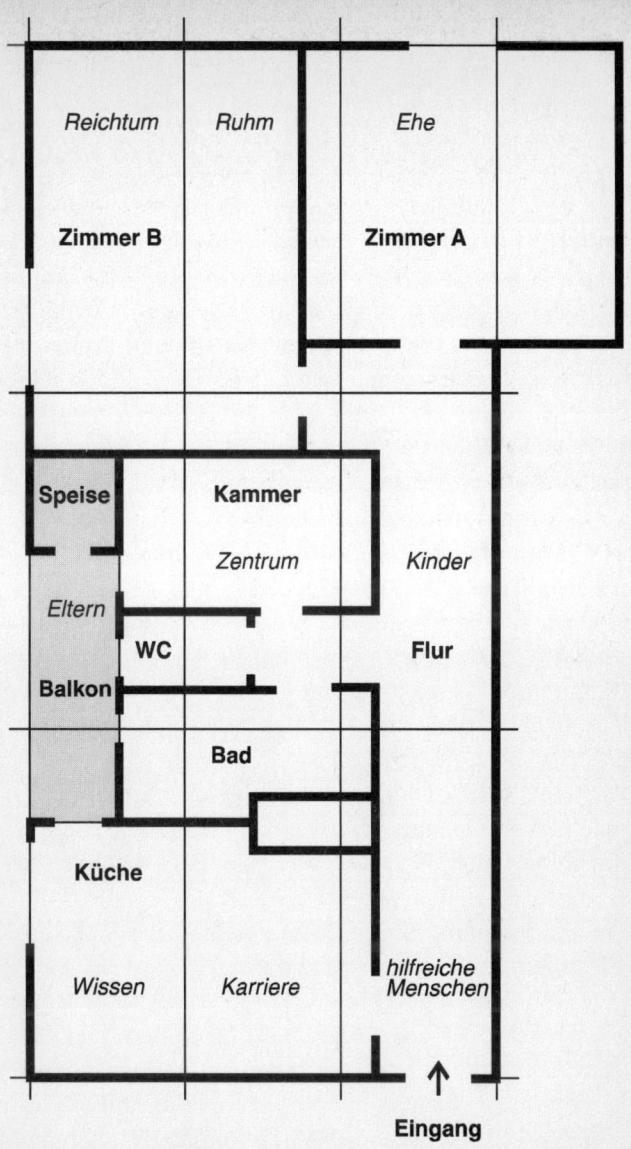

Plan 3:   Wohnung von Frau D.

Das Zimmer A erhält darüber hinaus eine dominante Position, indem sich die Zimmertür direkt gegenüber der Wohnungstür befindet, mit der sie durch einen sehr langen, schmalen Flur verbunden ist.

Außerdem liegen der Balkon und die Toilette im Bereich „Eltern". Wir möchten in diesem Beispiel jedoch ausschließlich die Mutter-Kind-Problemsituation behandeln.

Aufgrund des langen Flurs verändert sich die hereinkommende Energie „Sheng Chi" (= positives Chi) in „Sha Chi" (= negatives Chi), die unmittelbar in das Zimmer einströmt. Dieser Aspekt wird zusätzlich durch die Energielinie zwischen Wohnungstür, Zimmertür und Fenster verstärkt.

Da Zimmer A den Ba Gua-Bereich „Ehe/Partnerschaft" spiegelt, kann ein direkter Zusammenhang mit der hier lebenden Person – in diesem Fall mit Sohn E. – hergestellt werden. Somit bestätigt sich die offenkundige Rolle des Sohnes als „Partner" von Frau D.

Im Gespräch ergab sich als mögliche Lösung, die Zimmer A und B zu tauschen, so daß der Wohn- und Arbeitsbereich – Zimmer B – von nun an als das Kinderzimmer und Zimmer A als Wohn- und Arbeitsbereich von Frau D. genutzt wird.

Diese Maßnahmen führten zu folgender Situation: Der dominante Wohnungsbereich beinhaltet jetzt das Wohn- und Arbeitszimmer von Frau D., was ihre Persönlichkeit und ihre Bedürfnisse in den Vordergrund rückt.

Sohn E. bekommt ein größeres Zimmer, das sich im ruhigen Bereich der Wohnung befindet.

Die durch den langen Flur verkörperte, aggressive Energielinie wird mit Hilfe von Kleinmöbeln, Bildern und einem Windspiel beruhigt, damit das neue Wohn- und Arbeitszimmer von dieser negativen Energie unberührt bleibt.

Sohn E. war bei jedem unserer Treffen dabei, modellierte eifrig mit und hatte viel Freude daran. Die erste Skulptur von Frau D. zeigte einen Turm, siehe Foto 7 im Mittelteil.

Sie erzählte: „Der Turm ist beängstigend, sieht aus wie ein Spiralbohrer, streng und hart. Die Spiralform schwächt das Harte ab, hat etwas Unendliches. Es ist mühsam, die vielen Treppen hinaufzugehen. Der Turm bildet ein Symbol für Veränderung, Bewegung und Vorwärtskommen. Ich gehe außen hinauf und innen wieder hinunter. Nach oben zu gehen ist positiv, Hinabgehen ist schlecht. Der Keller liegt innen im Turm." Mit ihrem Turm assoziierte Frau D. die Tarotkarte „Der Turm", die sie seit jeher als bedrohlich empfand.

Frau D. fragte sich: „Was ist im Turm eingesperrt, was muß ich nur aufbrechen? Was muß ich sonst noch tun? Alles ist so schmerzhaft! Ich habe Angst vor dem Alltagstrott."

Am Ende des Treffens fassen wir zusammen, daß Frau D. sich einen Überblick über ihre Situation verschaffen möchte. Sie hat das Bedürfnis, die Beziehung zu ihrem Sohn besser zu verstehen, um wieder handlungsfähig zu werden, ihre eigene Persönlichkeit neu zu entdecken und selbstbewußt zu leben.

Sofort nach dem ersten Treffen stellte Frau D. die Zimmer nach unserem Vorschlag um. Sohn E. war mit dem Zimmertausch einverstanden und half begeistert mit. Doch nach kurzer Zeit, beim ersten Streit, versuchte er, seine Mutter zu erpressen: „Ich will mein Zimmer wieder haben!" Offenbar hatte er die Veränderung seiner Position bemerkt. Bei Frau D. dauerte es einige Zeit, bis sie das neue Zimmer tatsächlich benutzte.

Zum zweiten Treffen kam Frau D. wieder mit Sohn E. Sie wollte ihren Traummann modellieren, siehe Foto 8 im Mittelteil. Sie versuchte es zuerst mit einer stehenden Figur, die aber sehr dünn und instabil geriet und ständig umfiel. Voller Ungeduld setzte sie alles daran, einen stehenden Mann fertigzubringen. Sie fing dreimal von vorne an, bis sie den Gedanken an eine stehende Figur aufgab. Ihr wurde klar, daß ihre Vorstellungen nicht umzusetzen waren. Während dieser Sitzung entbrannte eine Diskussion mit ihrem Sohn, der nicht wollte, daß seine Mutter einen Mann modellierte: „Ich bin dein Mann, und nur ich darf dich küssen." Er ließ nicht locker und verlangte von seiner Mutter einen Kuß. Frau D. ignorierte diese Auseinandersetzung, worauf sich der Sohn wieder beruhigte. Sie wählte eine stabilere Haltung für ihren Mann: die aufgestützte Sitzhaltung. Die Figur wurde an diesem Tag nicht fertig, und wir einigten uns darauf, daß sie allein in Ruhe zu Ende modellierte.

Bei unserem nächsten Telefonat erzählte sie, die Figur sei fertig und sie sei zufrieden damit. Auch Sohn E. zeigte sich mit dieser Mannfigur einverstanden. Sie fügte hinzu, daß diese Skulptur nicht perfekt gelungen sei, sie dies aber akzeptiere. In der Folgezeit faßte sie Mut, vom passiven Kontakt (nur ansehen) in einen aktiven Kontakt mit dem männlichen Geschlecht zu treten. Sie flirtete wieder, was ihr lange Zeit nicht möglich gewesen war. Selbstvertrauen und Mut waren gestiegen, ihre Schutzmauer (Turm) wurde durchlässiger. Es kam sogar zu einem ersten Rendezvous.

Ihre letzte Skulptur, siehe Foto 9 im Mittelteil, stellte eine geöffnete Spirale dar. Unser spontaner Eindruck: Es handelt sich um die Wendeltreppe des Turmes, die aufgedreht daliegt. „Eine Spirale ist Bewegung, ohne Anfang und ohne Ende, unentwegtes Auf und Ab, ähnlich dem Schicksal – schwermütig, weil es ist, wie es ist. Das Leben hat schöne und traurige Seiten. Die Spirale symbolisiert Leichtigkeit." Frau D. entdeckte die Rolle der Leichtigkeit in ihrem Leben. „Die Angst muß weg, damit ich leicht werden kann. Abenteuerlust bedeutet Leichtigkeit."

„Der Turm ist das Geschlossene, das Zentrum; ich bleibe bei mir und überblicke die Dinge. Die Spirale dehnt sich, geht auseinander, ist flexibel und wächst. Sie löst das Zentrum auf, wird offen, durchlässiger: Ich kann in Kontakt mit der Außenwelt treten." Diese Skulptur setzt einen Schlußstrich unter unsere Beratung.

Beispiel 2

Frau H., 40, seit etwa zehn Jahren alleinerziehende Mutter dreier halbwüchsiger Kinder, ist seit drei Jahren geschieden. Während ihrer Scheidung lernte sie Herrn I. kennen, 34, ebenfalls geschieden, ohne Kinder. Nach circa einem Jahr zogen sie gemeinsam mit den drei Kindern in ein großes Einfamilienhaus. Frau H. war zu dieser Zeit überwiegend Hausfrau mit Gelegenheitsjobs, Herr I. arbeitete selbständig im eigenen Unternehmen. Sie richteten in dem Haus einen Laden ein, der von Frau H. betreut wurde.

Beide Partner mußten die vorherige Partnerschaft mitsamt der Scheidung noch verarbeiten und hatten in den ersten Jahren Probleme, die neue Verbindung anzunehmen. Bei Herrn I. kam überdies die Auseinandersetzung mit den Kindern von Frau H. hinzu. Da sich beide im Laufe der Jahre daran gewöhnt hatten, alleine zurechtzukommen, entstand ein Hin und Her, und eigentlich wußten beide nicht so recht, ob sie diese Beziehung überhaupt wollten, da die Belastungen manchmal schwer zu ertragen waren.

In einer dieser Situationen suchten Frau H. und Herr I. unseren Rat, denn beide vermuteten, dieses Zerrissenheitsgefühl hänge nicht zuletzt mit dem Haus zusammen.

Da das Erdgeschoß hauptsächlich die Geschäftsräume beherbergt, beschränken wir uns in diesem Beispiel auf das Obergeschoß, wo sich das familiäre Leben abspielt.

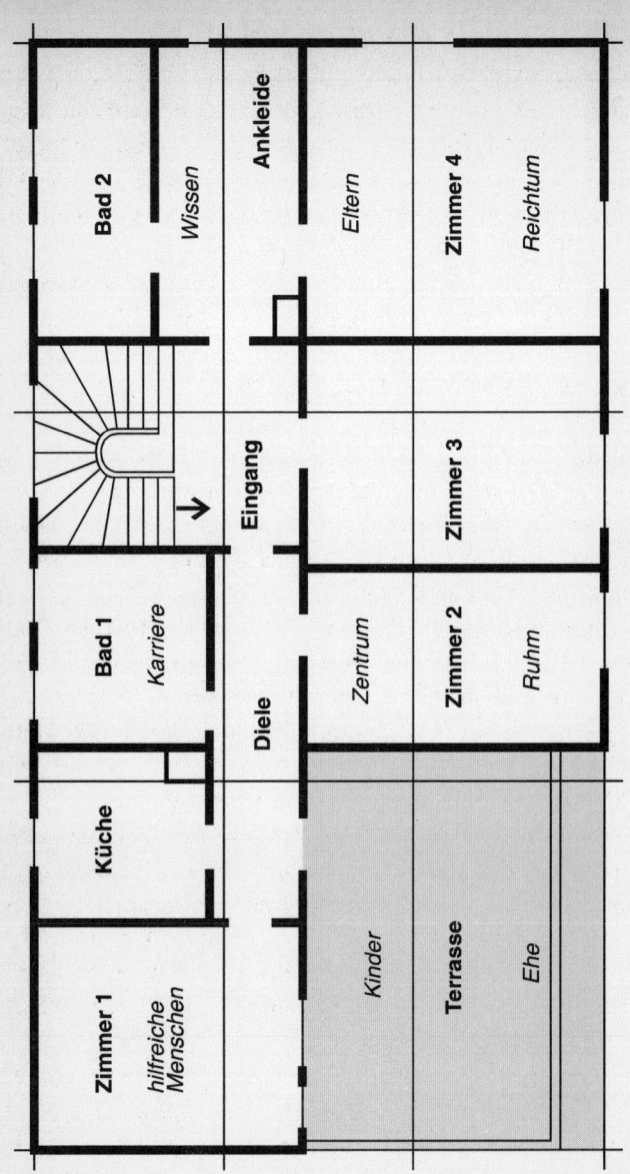

Plan 4: Wohnung von Frau H.

116

Der vorliegende Plan dokumentiert, welche Problemsituationen eine Gebäudeerweiterung erzeugen kann, denn der Bereich rechts wurde zu einem späteren Zeitraum angebaut. Durch Anbauten am bestehenden Baukörper können Fehlbereiche entstehen, die die Lebenssituation innerhalb des Hauses oder der Wohnung grundlegend und nachhaltig verändern.

In unserem Fall entstanden durch den Anbau folgende Fehlbereiche, die die großzügige Terrasse beinhalten:

- Ehe und Partnerschaft, 100 Prozent
- Kinder, ca. 60 Prozent

Wir möchten an dieser Stelle erneut darauf hinweisen, wie wichtig es bei einer Analyse ist, nicht nur von dem Grundrißplan auszugehen, da die realen örtlichen Verhältnisse ein anderes Bild ergeben könnten.

Im vorliegenden Beispiel wird die große Terrasse kaum genutzt und auch wenig beachtet, da der Garten ausreichende Möglichkeiten zum Aufenthalt im Freien bietet.

Die Terrasse strahlte Kühle, Leere und Verlassenheit aus. Das Geländer ist aus einfachem, zum Teil verrostetem Schmiedestahl, der Boden aus Klinker.

Wir konzentrieren uns speziell auf den Bereich „Ehe/Partnerschaft", da dieser die Hauptproblematik darstellt. Um diesen Fehlbereich harmonisch auszugleichen, sind umfassende Maßnahmen notwendig, die sinnvollerweise von beiden Partnern gemeinsam durchgeführt werden sollten. Wichtig ist, die Terrasse in den Alltag einzubeziehen, damit dieser Fehlbereich reintegriert wird.

Wir schlugen vor, die Terrasse mit Pflanzenkübeln, Rankgewächsen und Blumenkästen zu begrünen und mit Windrädern, Rosenkugeln und einer Vogeltränke zusätzliche Akzente zu setzen. Außerdem rieten wir, durch Aufstellen von Gartenstühlen, Tisch und Sonnenschirm einen wohnlichen Charakter zu schaffen, der die Hausbewohner einlädt, sich auf der Terrasse aufzuhalten. Durch diese Gestaltungsmaßnahmen könnte der Fehlbereich in eine kleine Oase der Erholung verwandelt werden und somit eine Bereicherung für Ehe und Partnerschaft darstellen.

Nicht vergessen werden darf jedoch, daß diese Oase Pflege und Aufmerksamkeit benötigt, damit sie wachsen und gedeihen kann.

Zum Thema „Partnerschaft" modellierte Frau H. die Skulptur „Sterben", siehe Foto 10 im Mittelteil. Sie stellt einen abgestorbenen Baum dar, dessen Wurzeln eine Schale umschlingen.

Eigentlich wollte Frau H. einen gesunden, lebendigen Baum modellieren, doch sie hatte immense Schwierigkeiten, ihre Vision umzusetzen, und gab schließlich auf. „Dann ist eben ein abgestorbener Baum daraus geworden, und wenn ich es mir recht überlege, paßt das auch besser." Sie war darüber zwar erstaunt, aber gleichzeitig auch zufrieden.

Laut Frau H. versinnbildlicht diese Skulptur ihre momentane Situation: „Die Schale symbolisiert für mich die Weiblichkeit. Sie ist ein Gefäß, etwas passiv Empfangendes, Gebendes. Der Baum bedeutet für mich die Männlichkeit, die mir, dem Weiblichen, im Augenblick die Kraft, den Saft raubt, dann aber doch stirbt. Mir fehlt in dieser Beziehung momentan die Luft zum Atmen, ich gebe und gebe und bekomme nichts zurück! Eigentlich möchte ich davonlaufen. Ich bleibe nur, weil ich glaube, daß noch Hoffnung besteht und wir beide mehr Zeit brauchen. Ich hoffe, daß ich nicht enttäuscht werde."

Auch bei der zweiten Skulptur, die Frau H. modellierte, siehe Foto 11 im Mittelteil, sind weibliche und männliche Teile erkennbar – dieses Mal jedoch weit voneinander entfernt. Das weibliche Symbol, das eher an eine Mauer erinnert, die sich vor den gewundenen, vom männlichen Turm ausgehenden Strahlen schützen will oder muß, hat sich di-

stanziert. Dabei hat der Turm an Einfluß und Kraft einge-
büßt – trotz seiner bedrohlichen Spitze.

Herr I. modellierte zur gleichen Zeit die Skulptur „Muschel", siehe Foto 12 im Mittelteil. „Die Kugel stellt die
Harmonie, das Miteinander, das Eins-Sein in einer Beziehung dar; der Ring symbolisiert die Verbindung selbst und
die Muschel den Schutz und die Geborgenheit, die ich brauche, wenn ich mich auf eine Beziehung einlassen soll. Eigentlich ist dieser Wunsch momentan nicht erfüllt." Im Gespräch kristallisierte sich heraus, daß Herr I. keinen Bezug
zu seiner Männlichkeit besitzt, sondern seiner Partnerin gegenüber eine kindliche, fordernde Haltung an den Tag legt
und überdies unfähig ist, seine Bedürfnisse zu äußern oder
gar selbst in die Hand zu nehmen. Dadurch bleibt er in einer
ständigen Wartehaltung, die ihn auf Dauer frustriert und
enttäuscht und vor allem die Partnerin überfordert.

Beim zweiten Treffen wollte sich Herr I. mit seiner
Männlichkeit auseinandersetzen: Es entstand die Skulptur
„Mann", siehe Foto 13 im Mittelteil. Sie stellte eine abstrakte männliche Person dar, die provozierend nach außen
trat. Auch hier wieder die weiche, runde Form, die sein Bedürfnis nach Geborgenheit ausdrückt. „Aus einer Position
der Geborgenheit heraus traue ich mich wohl, provozierend
zu sein – da kann ich mich immer wieder zurückziehen,
wenn es mir zu brenzlig wird. Ich bin eher ein sensibler,
schüchterner Typ, der nicht offen über seine Gefühle spre-
chen kann, sie aber gerne zeigen möchte." Durch die Striche
im inneren oberen Teil wird die Figur in Oben und Unten
getrennt. „Mein Denken ist anders als mein Fühlen und
Handeln. Entweder bin ich nach außen aggressiv und provozierend, oder ich ziehe mich in meine Vorstellung zurück.
Ein Zwischendrin gibt es momentan nicht für mich: Es ist
eine Form der Zerrissenheit, der Spaltung, die ich
empfinde."

Herr I. meinte ergänzend, er habe nicht das Gefühl, die Situation in diesem Haus ändern zu können. „Da steckt so viel Altes mit drin."

Während unserer Treffen mußten sich Frau H. und Herr I. damit auseinandersetzen, wie ihre gemeinsame Zukunft aussehen sollte, denn der Mietvertrag des Hauses war auf zwei Jahre befristet. Sie mußten eine Entscheidung fällen. Beide konnten noch einmal überdenken, ob sie getrennte Wege gehen oder zusammenbleiben wollten und wie es überhaupt weitergehen sollte. Falls sie zusammenblieben, könnten sie den Mietvertrag verlängern oder in ein anderes Haus umziehen und unter neuen Vorzeichen ganz von vorne beginnen.

Frau H. modellierte nach diesem Gespräch ihre dritte Skulptur, siehe Foto 14 im Mittelteil. Sie hatte längere Zeit von diesem Ei geträumt, konnte es aber erst jetzt umsetzen. Nach Vollendung dieser Skulptur war sie sehr stolz und zufrieden: „Etwas will geboren werden, ich weiß nur noch nicht, was es ist."

Wie wir erfuhren, gab es noch einige Auseinandersetzungen, bis sich beide zum Umzug entschließen konnten. Als die Entscheidung endlich gefällt war, ließen die Spannungen merklich nach, und es wurde beiden bewußt, daß sie in diesem Haus nicht zu einer befriedigenden Partnerschaft finden konnten. Zwei Monate verstrichen, bis sich beide klar wurden, welche Bedürfnisse jeder von ihnen hatte und wie ihr Zusammenleben in Zukunft aussehen sollte. Erst dann wurde das geeignete Haus gefunden.

In dem neuen Haus stellte der Bereich „Ehe/Partnerschaft" keinen Fehlbereich mehr dar, und Frau H. und Herr I. versicherten uns, ihre Entscheidung zusammenzubleiben habe ihre Beziehungsfähigkeit bereichert.

Hilfreiche Menschen – unterstützende Einflüsse von außen

Beispiel

Herr F., 45, geschieden, lebt von seinen drei Kindern getrennt und arbeitet seit drei Jahren selbständig mit seiner neuen Partnerin zusammen. Seine Wohnung ist für zwei Personen zu klein. Das Paar beginnt daher, ein Haus zu suchen, in dem es gleichzeitig arbeiten kann.

Als sich die Suche nach einem geeigneten Haus schwierig gestaltete und immer mehr verzögerte, bat uns Herr F. um Hilfe.

Im vorliegenden Plan 5, der Wohnung des Herr F., erkennen wir, nachdem wir das Ba Gua darübergelegt haben, einen gewichtigen Fehlbereich im Bereich „Hilfreiche Menschen", der durch den Treppenaufgang des Dreifamilienhauses besetzt wird.

Welche Problematik von allen Hausbewohnern benutzte Teppenaufgänge bedeuten, wurde bereits in anderen Beispielen eingehend erläutert.

Herr F. suchte gemeinsam mit seiner Partnerin mehrere Monate lang ein Haus. Einige Objekte hätten ihnen zwar gefallen, wurden aber anderweitig vergeben. Beide gelangten an einen Punkt, an dem sie die Hoffnung aufgeben wollten. Zu diesem Zeitpunkt fand unser Gespräch statt.

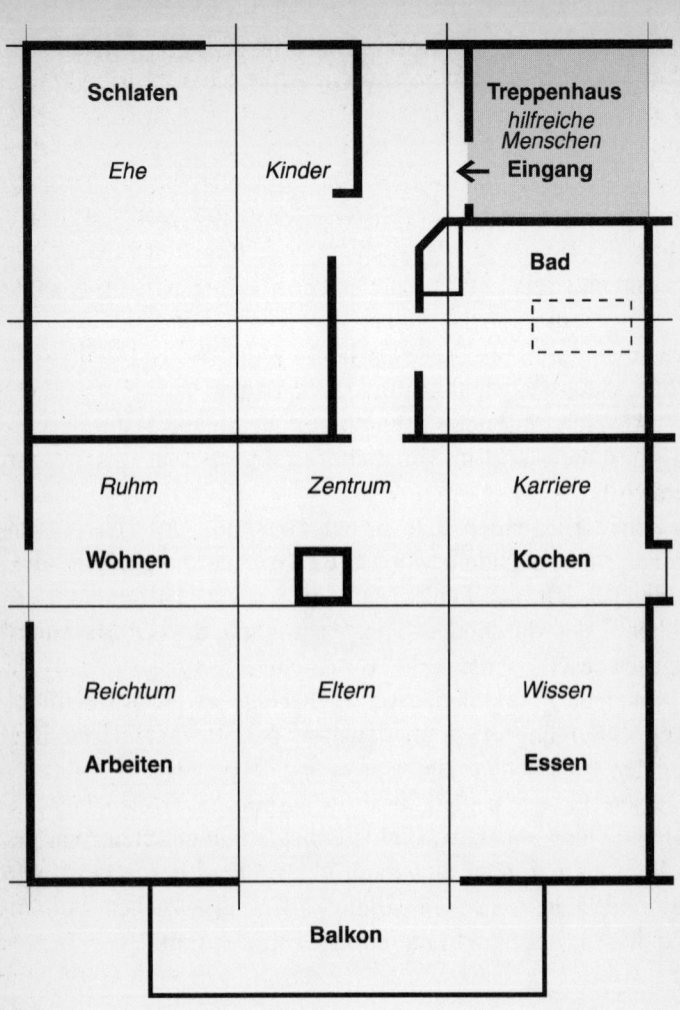

Plan 5: Wohnung von Herrn F.

122

Da lediglich die Auflösung einer Energieblockade im Bereich „Hilfreiche Menschen" erforderlich war, sind wir nicht näher auf die Gesamtsituation der Wohnung eingegangen. Das Bewußtmachen der Problemsituation fand während des ersten Gespräches statt und genügte, um die Energie wieder zum Fließen zu bringen. Uns wurde klar, daß wir eigentlich auf viele Hilfsmittel verzichten könnten, würden wir uns auf die Kraft unserer Gedanken konzentrieren und auf sie vertrauen.

Herr F. war ein Einzelgänger, der am liebsten allein arbeitete. Längere Beziehungen mit verbindlichem Charakter stellten ihn stets vor Probleme. Er konnte sich schlecht organisieren, vergaß häufig Termine. Manche hielten Herrn F. für unzuverlässig – in jedem Fall forderte er seiner Umwelt sehr viel Flexibilität und Toleranz ab. Er gab zu, daß diese Problematik auch für das Scheitern seiner Ehe mitverantwortlich gewesen war.

Daß der Bereich „Hilfreiche Menschen" in seiner Single-Wohnung einen Fehlbereich darstellte, paßte zu seiner damaligen Persönlichkeitsstruktur, denn er bedeutet, daß dieser Mensch auf sich allein gestellt ist und jede Unterstützung von außen nur schwer annimmt bzw. annehmen kann.

Durch die neue Partnerschaft stark verändert, entsprach diese Umgebung nun nicht mehr seiner Persönlichkeit, doch die alte Energie war noch nicht vollständig aufgelöst. Erst als seine Partnerin die Haussuche voll und ganz in seine Hände legte, fand Herr F. ein sehr schönes Haus, das die Vorstellungen beider erfüllte. Einen Monat nach unserem Gespräch konnte der Umzug stattfinden.

Kinder – meine Zukunftspläne

Beispiel

Frau G., 50, geschieden, ohne Kinder, durchlebte eine extrem schwierige Jugend mit vielen Abhängigkeiten und leidet seit ihrer Kindheit unter Migräne und Kopfschmerzen. Nach der Scheidung lebte sie zwölf Jahre allein. Vor kurzem lernte sie einen Mann kennen, mit dem sie zusammen in ein Einfamilienhaus zog. Ihr neuer Partner, 57 Jahre, muß noch viele alte Strukturen auflösen, was ihm immense Schwierigkeiten bereitet und sich störend auf die junge Beziehung auswirkt.

Frau G. ist eine dynamische Frau, die voller Ideen steckt und sich nicht unterkriegen läßt. Seitdem sie siebzehn war, hat sie leitende Führungspositionen innegehalten. Sie arbeitet in einem pflegerischen Beruf, indem sie viel Kontakt mit hilfebedürftigen Menschen hat.

Der Grundriß des Hauses, siehe Plan 6, beschreibt eine leichte L-Form, wobei der Bereich „Hilfreiche Menschen" im Erdgeschoß außerhalb des Wohnbereichs liegt. Auch der Bereich „Kinder" schafft eine Problemsituation, da hier einerseits ebenfalls ein kleiner Fehlbereich vorliegt und andererseits die Diele in diesem Abschnitt dunkel und beengt scheint. Außerdem ist hier auch die Toilette untergebracht.

Im Feng Shui richtet sich das besondere Augenmerk auf den Zugangs- und Eingangsbereich des Hauses bzw. der Wohnung, da die hier vorherrschende Atmosphäre die Qualität der Lebenssituation bestimmt. Man sagt auch, daß der Eingang die Visitenkarte der Menschen ist, die in diesem Hause leben.

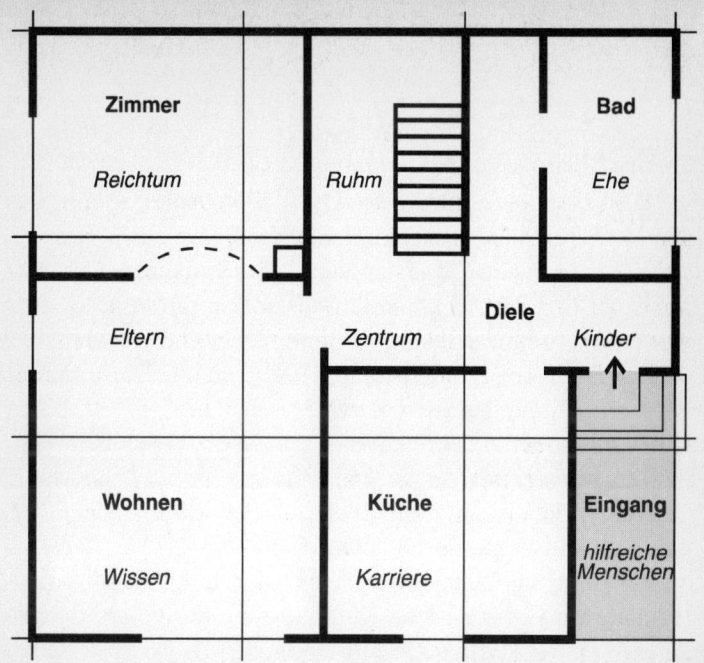

Plan 6:   Wohnung von Frau G.

In unserem Beispiel ist der zum Haus führende Bereich öde und karg gestaltet, mit Betonsteinen und Rasen. Die Treppenstufen zur Haustür sind ebenfalls aus Beton, die Gesamtoptik erscheint lieblos. In die Diele dringt nicht genug natürliches Licht, der Steinboden wirkt kalt, unfreundlich und verstärkt den düsteren Eindruck.

Der Partner von Frau G. neigt zu Unorganisiertheit und Unordnung – Aufräumen ist ihm fremd. Da sich Frau G. durch das resultierende Chaos im Haus blockiert fühlt, ihre eigenen Ideen und Vorstellungen umzusetzen, bat sie uns um Hilfe.

Unser Schwerpunkt bei der Beratung lag auf dem Bereich „Kinder", der symbolisch für Kreativität, Ideen, Vorstellungskraft und Zukunftspläne steht.

Die gemeinsame Erörterung der Situation führte zu folgenden Lösungsmöglichkeiten:

Der Zugangsbereich zum Haus sollte spielerischer gestaltet werden – ein geschlängelter Weg, aufgelockert durch eine Blumenrabatte und einheimische Sträucher. Der Bereich vor der Treppe könnte durch ein Spiralmosaik aufgewertet, die Treppe selbst mit Blumenkübeln belebt werden.

Die Diele sollte durch eine helle, freundliche Ausstrahlung einen einladenden Charakter erhalten, was beispielsweise mit hellen, heiteren Wandfarben, einem schönen Teppich und ausreichender Beleuchtung erzielt werden könnte. Größere Möbelstücke sind hier nicht ratsam, denn sie würden den Energiefluß blockieren.

Für die erste Skulptur, siehe Foto 15 links im Mittelteil, formte Frau G. zuerst eine Kugel, die sie mit geschlossenen Augen in zwei Hälften schnitt. Durch den Draht entstand bei jeder Halbkugel eine Maserung, die sie nacharbeitete. Die erste Halbkugel höhlte sie entsprechend aus.

Bei der zweiten Halbkugel, siehe Foto 15 rechts im Mittelteil, fuhr sie die Risse intensiver nach, wobei sich die Kugel in der Hand verformte. Sie dachte dabei daran, diese Form später als Briefbeschwerer zu benutzen. Auf der Hinterseite der Halbkugel wurde aus einer Höhle ein Auge, und beim Beenden der Skulptur kristallisierte sich ein Gesicht heraus, das von allen Seiten mit Symbolen versehen war. Zum Schluß formte sie noch einen Sockel, um der Skulptur mehr Stabilität zu geben.

Frau G. arbeitete sehr vorsichtig, sehr sauber und mit großer Liebe zum Detail. Ihre Hauptskulptur bestand aus fünf Seiten: vorne, linke Ecke, rechte Ecke, hinten und oben.

Alle drei Skulpturen bildeten eine Einheit, und Frau G. meinte, die erste stelle ihre Vergangenheit, die zweite ihre Zukunft und die dritte ihre jetzige Situation dar. Die zweite war für sie die wichtigste.

Frau G. kommentierte die Skulpturen wie folgt: „Die erste ist ein liegendes Wesen, ein Schatz, der umschlossen, verschlossen ist. Sie erinnert mich an einen Berggeist. Ihre Kreativität ist eingeschlossen, und sie ist einfach und klar."

„Die zweite ist ein Gefäß mit Öffnungen. Das Gebilde hat etwas Gebärendes. Auf einer Seite ist innen eine Blüte: eine Glockenblume mit Staubgefäßen. Eine Seite sieht aus wie ein Vogel, und die Kugel oben ist wieder verschlossen." Frau G. entdeckte eine Parallele: Aus Kugeln formte sie die Skulptur, und bei ihrer Hauptskulptur verwendete sie eine kleine Kugel.

Frau G. erkannte mehrere Symbole:

- Einen Vogelkörper mit Flügeln. Die Federn symbolisieren weitere Entwicklung, Freiheit und Grenzenlosigkeit.
- Einen Elefanten, der Ruhe und Kraft ausstrahlt, Zuversicht, Verläßlichkeit und Frieden.
- Die Kugel, etwas Ganzes, Weiches, Ruhendes. Sie ist die Vollendung.
- Krallen, als Waffe, Abwehrinstrument, Abgrenzung, sich zur Wehr setzen.
- Die Blüte – eine Glockenblume. Die Vollendung in der Schönheit. Sie ist etwas Zartes, Zurückhaltendes, Unscheinbares. Blau steht für Geist, Verstand. „Als Kind wollte ich immer mit dem Finger in die Blüte hineinfühlen, gelang es mir nicht, hatte ich Angst!"
- Ein halbes Gesicht, das Frau G. an Ägypten erinnert. Ein hochentwickeltes Volk. „Wir können und sollten aus dem Altertum lernen." Das Alte, die Weisheit, die alle Möglichkeiten in sich trägt – auch Verderben, sofern sie nicht richtig genutzt wird.

Die dritte Skulptur, siehe Foto 15 Mitte im Mittelteil, die Frau G. aus Resten und Tonkrümeln der beiden großen Skulpturen formte, sollte zunächst ein Ring werden. Doch damit kam sie nicht klar, und so formte sie äußert zarte und zerbrechliche Blütenkelche mit Blütenstengeln. Die Symbolik entspricht der Blüte in der zweiten Form.

Die drei Formen ergänzen sich zu einer Einheit: das Weibliche, das Männliche und aus deren Verknüpfung entstehend das Kind.

Frau G. wurde sich klar darüber, daß die erste Skulptur sie selbst als Person, die zweite ihre Wünsche, Ideen und Vorstellungen und die dritte die reale Situation darstellt – die Möglichkeiten, die sie tatsächlich umsetzt.

Ihre Kreativität ist verschlossen, gebremst; sie manifestiert sich lediglich im Kopf, im Denken. Die Form, die sie zurückhält, ist sehr alt und stammt aus einer Zeit, die mit der jetzigen Situation nichts zu tun hat. Frau G. muß darauf achten, daß sie ihre Wünsche und Ideen nicht auf ihren Partner projiziert und unweigerlich enttäuscht wird, da dieser unfähig ist, ihren hohen Ansprüchen gerecht zu werden.

Die kleine, empfindsame Blüte sollte mit äußerster Behutsamkeit behandelt und gepflegt werden, damit das Neue, das geboren werden will, wachsen und gedeihen kann.

Abschließend bemerkte Frau G., ihre hohen Ansprüche für sich selbst beibehalten, in bezug auf den Partner jedoch zurückschrauben zu wollen.

Bild 34: Ausschnitt einer seidenen Beamtenrobe,
Gulbenkian Museum of Oriental Art,
University of Durham (Foto: Mike Smith)

總 論

Zusammenfassung

Während unserer Arbeit lernten wir die traditionelle Seite des Feng Shui immer mehr schätzen, denn sie trägt sehr viel Wissen und Weisheit in sich. Gleichzeitig ist uns aber auch bewußter geworden, daß jede neue Generation und jede neue Zeit die Aufgabe haben, die wesentlichen Strukturen der altbewährten, sinnvollen und liebgewonnenen Formen zwar zu wahren und zu erhalten, darüber hinaus jedoch auch wissend zu erweitern und zu bereichern. Was verbraucht und wertlos geworden ist, gilt es, zu verändern und durch neu Hervorgebrachtes zu ersetzen. Vor allem aber ist jeder nachwachsenden Generation die Freude gegeben, die Stärke der alten Traditionen aufzuzeigen, indem sie auf diesem Fundament ein neues Gebäude errichtet, das den Bedürfnissen des sich innerlich entfaltenden Lebens gerecht wird.

Diesen Grundsatz können wir widerspruchslos auf Traditionen übertragen, die aus fernen Ländern zu uns gelangen. Unsere Sichtweise sollte globaler werden. Übertragen auf die einzelne Person bedeutet dies zwangsläufig, daß jeder Schritt, der uns in unserer Entwicklung voranbringt, stets auf Kosten dessen geht, was uns eben noch lieb und teuer war, nun aber aufgegeben oder erweitert werden muß.

Es sind die inneren Prozesse, die uns die größten Möglichkeiten zur Veränderung bieten, mögen sie noch so schmerzvoll und unbequem sein. Alle Hinweise oder Anregungen, die von außen kommen, sind letztendlich nur Hilfsmittel – Vehikel – für die Begegnung mit unserem Innern. Jeder Mensch muß in sich selbst seine Feststellung treffen, in sich selbst das Gesuchte finden und sich vor Augen halten, daß alle Weisheit im Innern zu finden ist und nur die vom einzelnen für sich und in sich erkannten Wahrheiten von wahrem Wert sind.

So können auch Heilungen niemals von außen, durch eine andere Person, sondern nur aus dem eigenen Bewußtsein erfolgen. Es ist also erforderlich, daß Sie Ihren Chi-Fluß erkennen und Ihre Selbstheilungskräfte stimulieren, damit Sie zu Ihrem eigenen Heiler werden – für sich selbst und für Ihre Umgebung. Wir verstehen uns in diesem Bewußtwerdungsprozeß als Helfer.

Der Mensch
hat dreierlei Wege, klug zu handeln:
erstens durch Nachdenken, das ist der edelste,
zweitens durch Nachahmen,
das ist der leichteste,
und drittens durch Erfahrung, das ist der
bitterste.

Konfuzius

Literaturhinweise

Feng Shui

Lam Kam Chuen: Das Feng Shui Handbuch, Joy Verlag,
                   Sulzberg

E. J. Eitel: Feng Shui – Die Rudimente der Na-
                   turwissenschaft in China, Felicitas
                   Hübner Verlag, Waldeck

Sarah Rossbach: Feng Shui – Die chinesische Kunst des
                   gesunden Wohnens, Knaur, München

William Spear: Die Kunst des Feng Shui, Knaur, Mün-
                   chen

Derek Walters: Feng Shui – Die Kunst des Wohnens,
                   Goldmann, München

Geschichte und Kultur

Blunden/Elvin: Weltatlas der alten Kulturen – China,
                   Christian Verlag, München

Arnold Toynbee: Der Ferne Osten, G. Westermann Ver-
                   lag, Brauschweig

I Ging

o.V.:   Hin und her führt der Weg, Verlag für
                   Angewandte Kinesiologie, Freiburg

R. L. Wing:	Das illustrierte I Ging, Heyne, München

Theosophie

Alice A. Bailey:	Denke darüber nach, Verlag Lucis, Genf
Alice A. Bailey:	Erziehung im neuen Zeitalter, Verlag Lucis, Genf

Kontaktadresse

Beratungen, Seminare, Weiterbildungen, Artikel und Bücher über Feng Shui erhalten Sie bei:

Feng Shui-Kreativ

Institut für harmonische Wohn- und Lebensgestaltung
Prinzregentenstr. 83 b
D-83022 Rosenheim

Telefon: 080 31/28 89 77
Telefax: 080 31/28 89 78

Anhang

Wir bedanken uns für die Abdruckgenehmigungen der Illustrationen bei folgenden Institutionen und Privatpersonen:

Bild 1: The British Library, London
Bild 2, 9, 12, 13: Thames & Hudson Ltd., London
Bild 3, 5: Joachim Scheiner, Rosenheim
Bild 4: Felicitas Hübner Verlag, Waldeck
Bild 6: Bernd Joschke, Bremen
Bild 7: Museum of the History of Science, Oxford
Bild 8: Robert Harding Picture Library, London
Bild 34: University of Durham, Durham
Grundrisse: Gruber & König, Augsburg

Heilen mit der Kraft der Natur

ALJOSCHA A. SCHWARZ
RONALD P. SCHWEPPE

HILDEGARD-MEDIZIN

ERNÄHRUNG · HEILWEISEN · EDELSTEINTHERAPIE

Aljoscha A. Schwarz
Ronald P. Schweppe

BACH-BLÜTEN

Gesundheit für die Seele

2. Auflage

mit Farbabbildungen

149 Seiten, Paperback
ISBN 3-478-08520-9

128 Seiten, Paperback
ISBN 3-478-08509-8

mvg-verlag im verlag moderne industrie AG
86895 Landsberg am Lech